# 绿色经济
# 与绿色产业发展

许美思　著

延边大学出版社

**图书在版编目（CIP）数据**

绿色经济与绿色产业发展 / 许美思著. -- 延吉：
延边大学出版社，2023.6
    ISBN 978-7-230-05130-9

    Ⅰ．①绿… Ⅱ．①许… Ⅲ．①绿色经济－经济发展－
研究－中国②绿色产业－产业发展－研究－中国 Ⅳ.
①F124.5②F269.24

    中国国家版本馆 CIP 数据核字 (2023) 第 111801 号

## 绿色经济与绿色产业发展

著　　者：许美思
责任编辑：邵希芸
封面设计：文合文化
出版发行：延边大学出版社
社　　址：吉林省延吉市公园路 977 号　　　邮　　编：133002
网　　址：http://www.ydcbs.com
E - m a i l：ydcbs@ydcbs.com
电　　话：0433-2732435　　　　　　　传　　真：0433-2732434
发行电话：0433-2733056
印　　刷：廊坊市广阳区九洲印刷厂
开　　本：787 mm×1092 mm　1/16
印　　张：10.75　　　　　　　　　　　字　　数：230 千字
版　　次：2023 年 6 月　第 1 版
印　　次：2023 年 8 月　第 1 次印刷
ISBN 978-7-230-05130-9

定　　价：78.00 元

# 前　　言

21世纪是可持续发展的世纪，是知识经济的世纪，是绿色文明建设的世纪。绿色经济与绿色产业发展已成为人类文明演进和世界经济社会发展的必然选择。建设绿色文明、发展绿色经济、实现绿色发展是全人类的共同道路、共同战略和共同目标，是新时代赋予我们的神圣使命与历史任务。

绿色发展是在循环经济、绿色经济、可持续发展、低碳经济等基础上衍生出来的，是对以上词汇的综合归纳和高度概括。绿色发展是资源节约型、环境友好型、社会进步型的可持续发展，它不同于"高消耗、高污染、低效率、低效益"的传统发展模式，是在考虑全球气候变化及生态危机的情况下，强调经济发展与社会进步及生态建设的统一与协调。

绿色经济与经济产业有着密切的联系。绿色经济的发展包括生产、流通、交换、消费的经济活动过程，绿色产业是绿色经济发展的具体体现。绿色经济的发展是通过绿色产业来实现和构筑起来的。绿色经济的发展，有力推动经济生产、流通、交换和消费过程的转化，要求产业结构的调整、提升和绿色化，促进绿色产业的培育和壮大。二者是相互促进、相互制约的关系。

本书根据绿色发展的基本定义，提出了适合现代经济发展趋势的经济发展模式——绿色经济发展模式。绿色经济发展模式的要点：一是要将环境资源作为社会经济发展的内在要素；二是要把实现经济、社会和环境的可持续发展作为绿色发展的目标；三是要把经济活动过程和结果的"绿色化""生态化"作为绿色发展的主要内容和途径。绿色发展的三个基本目标：一是优先解决国内的资源环境问题；二是依靠技术进步，提高产业的资源效率和绿色竞争力，实现绿色振兴，解决脱贫和就业等发展问题；三是通过转变经济发展方式，发展节能环保产业，促进经济体系的"绿色化"。

本书立足于绿色经济与绿色产业发展，对绿色经济发展概述、绿色经济发展模式构建、绿色经济创新策略、绿色经济的支撑与保障体系、绿色经济产业发展进行探讨，旨在通过对相关理论与经验的分析与研究，为我国的绿色经济与绿色产业发展提供可行的建议，希望能对相关人士开展工作提供帮助。

# 目　录

# 第一章 绿色经济发展概述

## 第一节 绿色经济概述

### 一、绿色经济的内涵

（一）绿色经济的定义

20 世纪 90 年代，绿色经济作为一个独立的概念首次在英国提出，绿色经济被定义为一种可持续发展的经济形态。绿色经济要以当前的生态条件为依据，结合现实发展情况，建立起一种新的经济发展模式，该发展模式一定要在自然经济和人类可承受的范围之内。2008 年，联合国环境规划署把绿色经济定义为："在经济发展的同时，确保自然资源的可持续增长能力，从而为经济发展与人类福祉持续提供资源与环境生态的服务。"可以发现，绿色经济应当具备低碳、资源的合理高效利用和社会包容性三个方面的特质。绿色经济在经济活动领域中应当包含碳排放量的减少与环境污染的降低，还包括提高能源与资源的使用效率，进而防止生物多样性缺失及对生态服务的破坏。

国内外的专家和学者对绿色经济进行了大量研究。其中，丹赫尔的三因素决定论颇具影响，三因素主要指环境、经济和社会。博卡特把绿色经济概括为六个方面的内容，即可再生能源、绿色建筑、清洁交通、水资源管理、废弃物管理和土地管理，六个方面协同发展、互为补充，共同构建绿色经济。

改革开放以来，我国经济社会不断发展，随之而来的环境问题在一段时间内成为制约我国经济发展的重要因素。在这样的时代背景下，我国学者不断加强对绿色经济方面的研究。季涛认为，绿色经济是以效率、和谐、持续为发展目标，以生态农业、循环工业和持续服务产业为基本内容的经济结构、增长方式和社会形态。刘思华认为，绿色经济是以生态经济为基础、知识经济为主导的可持续发展的实现形态和形象体现，是环境保护和社会全面进步的物质基础，是可持续发展的代名词。邹进泰、熊维明认为，绿色经济是一个国家或地区在市场竞争和生态竞争中形成的能够发挥比较优势、占有较大国内外市场份额，并成为国民经济主导或支柱产业的绿色产业、绿色产品和绿色企业。李向前等人认为，绿色经济是充分利用现代科学技术，以实施自然资源开发创新工程为重点，大力开发具有比较优势的绿色资源，巩固和提高有利于维护良好生态的少污染、无污染产业，在所有行业中加强环境保护，发展清洁生产，不断改善和优化生态环境，促使人与自然和谐发展，人口、资源与环境相互协调、相互促进，实现经济社会的可持续发展的经济模式。吴晓青认为，绿色经济是以保护和完善生态环境为前提，以珍惜并充分利用自然资源为主要内容，以社会、经济、环境协调发展为增长方式，以可持续发展为目的的经济形态。

综合国内外学者的研究成果，绿色经济的内涵应当包括如下几个方面：第一，绿色经济发展的前提是环境和自由。第二，绿色经济的发展目标是协同发展。第三，绿色经济发展不仅要追求结果的绿色，更要追求过程的绿色和生态。绿色经济就是经济的可持续发展，这种可持续发展要建立在对资源的保护和充分利用的基础上，保证经济的发展是不以损害环境为代价的。

## （二）绿色经济相关概念介绍

除了绿色经济以外，学者们关注比较多的研究方向还有循环经济和低碳经济，这三者在内容上有重叠部分。

循环经济主要从生产的角度来阐述，它源于日趋激烈的市场竞争和不断枯竭的资源。在循环经济模式下，工业生产投入的资源被分成两大类，分别是生态友好型和技术友好型。生态友好型是指那些在生产过程中产生的、对环境没有负面影响的、废弃的生产资料，这些资源产生的废弃物将排入自然界生物圈内再循环，从而实现生态型资源的循环利用；技术友好型是指在生产过程中产生的对环境有不良影响的生产资料，这些资源产生的废弃物应在生产过程中得到最大限度的利用，并全力减少其排放。循环经济的发展提高了经济和资源的利用效率，推动了经济的健康发展，可以作为绿色经济的一个重要组成部分。

低碳经济产生的背景是碳排放量增加导致的全球气候变暖。低碳经济是一类经济形态的总和，当前的低碳经济主要包括低碳发展、低碳产业、低碳技术和低碳生活等，低碳经济的特点是低能耗、低污染和低排放。低碳经济最基本的目标就是要实现经济社会的协调与可持续发展，最根本的要求就是要通过技术的改进和观念的更新，不断提高资源的利用效率，不断降低碳的排放量，从而实现全球的生态平衡。

通过对比分析可以发现，绿色经济与循环经济、低碳经济在发展方面的理念是相同的，都是在充分认识人与自然的基础上进行的。通过对三者的研究发现，它们的理论基础也是相近的，发展观和发展路径比较类似，都是追求提高对资源的利用效率。

虽然三者具有如此多的相似之处，但它们之间的差别还是比较明显的。循环经济的主要目标是应对经济发展中已经出现的能源危机，通过技术的革新和观念的改变，提高能源的利用效率和对资源进行循环再利用。低碳经济在发展上更加注重降低能源的损耗，减少污染量的排放，其主要依靠对能源开发技术的不断革新，改变消费模式，创新经济发展的路径，既注重减少碳的排放量，又注重发展新型经济。而绿色经济的立足点是解决当前存在的环境危机，核心思想是以人为本，在发展的过程中既注重对环境的保护，又要全面提高人民群众的生活水平，追求一种人与自然和谐发展的状态，最终能够实现全社会的共同发展和进步。

以上三种经济发展理论都是基于当前人类发展所面对的共同问题而出现的，分别从不同的角度来解决问题，每种方法都有其自身的优势。就三种理论的覆盖范围而言，绿色经济理论更加全面，在内容上涵盖了循环经济和低碳经济，也在发展目标上把这两者纳入其中。所以，本研究的对象——绿色经济是一种符合时代发展需求的、更为全面的经济理论，对绿色经济进行研究能够更加广泛地推动社会文明的进步。

## 二、绿色经济的理论依据

### （一）库兹涅茨曲线

全球经济的快速增长提高了人类的生活水平，也提高了社会发展的文明程度。经济的快速发展是一把双刃剑，在经济发展的同时，也给环境造成了较大的影响，使得一些环境问题日益突出。国内外的学者们对经济发展和环境之间的关系进行了大量的研究，在研究成果中最著名的就是库兹涅茨曲线。

库兹涅茨曲线，又称倒 U 形曲线，是美国经济学家西蒙·史密斯·库兹涅茨于 1955

年提出的收入分配状况随经济发展过程而变化的曲线。库兹涅茨通过对 18 个国家经济增长与收入差距实证资料的分析，得出收入分配不平等的长期趋势。他的理论可以假设为：在前工业文明向工业文明过渡的经济增长早期阶段迅速扩大，尔后是短暂的稳定，然后在增长的后期阶段逐渐缩小。环境的库兹涅茨曲线假设认为，经济增长与一些环境经济指标之间的关系不是单纯的负相关或正相关，而是呈现倒 U 形曲线的关系，即环境质量随着经济增长先恶化后改善。

当社会的整体经济发展处于一个比较低的水平时，由于对资源的开发有限，相应的环境污染也处于比较低的水平。在资本主义经济兴起之后，生产力水平不断提升，对资源的需求量逐渐增加，人们还没有意识到环境与资源的重要性。当工业化逐渐形成之后，国家在制定发展战略时把经济放在优先发展的位置。在经济发展水平比较低的情况下，主要依靠垄断优势进行竞争，尤其是对资源的垄断。垄断之后会造成资源的浪费，国家在发展经济过程中忽视了对环境的保护和对资源的保护，最终导致的结果就是环境不断恶化。在社会经济发展到比较高的水平之后，国民收入也相应地提高。在这种情况下，国家和公民均意识到了环境保护对于持续发展的重要性，此时该国的环境保护将优先于经济发展，从而促进环境的改善。

环境经济学界对环境的库兹涅茨曲线做了大量的实证研究，研究了不同环境污染指标与人均收入之间的关系，认为初期的经济发展将导致环境退化的加剧，而经济的进一步发展则会改善环境质量。对不同污染物而言，环境的库兹涅茨曲线的转折点不尽相同，但从总体来看，该转折点一般为该国人均收入达到 8 000 美元时。通过估算若干个重要的环境质量指标与经济增长之间的关系发现，环境质量指标与国民收入之间存在一定的关系。随着国民收入的增长，空气中的二氧化硫与总悬浮颗粒物含量呈现先增加后减少的趋势。该研究极大地支持了环境的库兹涅茨曲线的存在。

此外，环境经济学界还使用了世界上 48 个国家 20 年间公布的数据，测算了国民收入与机动车的铅排量之间的关系。研究认为，收入增长只是环境质量的影响因素之一，而政府政策、环境技术等其他因素，同样也是影响一国环境质量的重要方面。对于空气质量这类对国民生活质量有直接影响的环境污染问题来说，环境的库兹涅茨曲线是普遍存在的；反之，对于生物多样化损失这类对国民生活质量有间接影响的环境污染问题来说，环境的库兹涅茨曲线体现得并不明显。此外，目前对环境的库兹涅茨曲线的测算主要来源于各国的历史数据，由此并不能直接推断经济增长与环境质量之间的倒 U 形曲线关系。政府的政策方针、环境技术进步、市场调节能力等诸多因素均是影响环境质量的不可忽略的重要因素，这些都会使经济增长与环境质量的关系偏离倒 U 形曲线，但不可否认环境的库兹涅茨曲线为绿色经济发展提供了坚实的理论基础。

### （二）太空舱经济理论

绿色经济不是一个孤立的经济形态，而是作为一个完整的系统存在的。发展绿色经济要以降低碳排放量为目标，在降低碳排放的前提下提高经济发展速度，这就要求在经济发展过程中鼓励低碳经济的发展。当下的互联网经济作为低碳经济的典型代表，极大地推动了绿色经济的发展。虽然传统行业的碳排放量高，但是其对于经济发展来说是支柱产业，在发展中需要全面升级和改革，需要推动支柱产业经济绿色化的进程。

#### 1.新能源

新能源指的是区别于传统能源的存在形式，主要包括太阳、风、生物质能、地热、水力和海洋资源、固体生物质能、沼气，以及液体生物燃料所产生的能源，也指那些正在推广的或者正处于开发之中的能源。

随着社会经济的不断发展和人类需求的增加，二氧化碳的排放量不断增加，给气候带来了非常大的负担。全球气候变暖导致了南极和北极的积冰积雪加速融化，海平面逐渐升高，全球极端天气出现频率增快，国际社会对限制或减少温室气体排放的呼声越来越高。

发展新能源是降低能源消耗、减少能源温室气体排放的有效措施。可再生能源的发展创造了新的产业部门及数以万计的就业机会，这也是全球经济危机后可再生能源取得突破性发展的重要因素。

从环境保护和发展经济的角度来看，发展新能源产业既能够保护环境，又能够创造更多的就业岗位，推动经济的发展。

#### 2.绿色建筑

2008 年以后，绿色建筑在全球范围内迅速发展起来。绿色建筑有别于传统建筑最显著的特点就是低碳、环保和节能。近些年，绿色建筑能发展迅速，与自然环境的变化和政策的引导有很大关系。

学术界和业界对于绿色建筑的定义存在不同看法。国际能源署将绿色建筑定义为：致力于提高各种能源使用效率、减少水与各种材料的消费，提高人类健康水平，改善生态环境的建筑形式。国际标准化组织认为可持续建筑是既符合全球不同地区的经济和社会发展需求，又对环境影响最小的建筑。我国《绿色建筑评价标准》将绿色建筑定义为：在建筑的全寿命周期内，最大限度地节约资源（节能、节地、节水、节材）、保护环境和减少污染，为人们提供健康、适用和高效的使用空间，与自然和谐共生的建筑。

一般来说，绿色建筑是指在建筑从选址、设计、建造，到使用、维修、翻新和拆除的整个生命周期中，注重建筑与环境的相互影响，提高建筑的能源使用效率，它是对传统建筑的继承与发展，有益于提高建筑的经济性、实用性、耐用性和舒适性。

随着全球对房屋需求的不断上升，近年来，建筑业不断扩张，已经成为全球温室气体排放最主要的产业部门。在能源使用方面，建筑房屋消耗了全球三分之一以上的能源。尽管各地区电量消耗不同，但全球60%以上的电量消耗在公共建筑和居民住房上。因此，必须转变传统建筑业的建造和发展模式，积极开发绿色建筑，最大化地节约能源，为世界人民提供安全、清新的生活环境。

绿色建筑在中国城镇化发展的背景下尤为重要，对经济发展、绿色经济和社会稳定都有非常重要的作用。发展绿色建筑主要具有五个方面的意义：

第一，发展绿色建筑有利于保障能源安全。通过提高建筑能源使用效率，可以极大地减少建筑的能耗，从而产生可观的经济效益。

第二，发展绿色建筑有利于节省水资源。随着全球水资源紧缺问题的不断加剧，世界各国出台了各种措施以缓解饮用水资源紧缺问题。在实践中，各种建筑是目前水资源的主要消耗者。发展绿色建筑，提高水资源在建筑领域的利用效率，是发挥水资源效率最大化的有效方式。

第三，发展绿色建筑是加速实现建筑行业可持续发展的重要举措。建筑业是能源消耗的重要部门，其二氧化碳排放量占全球总排放量的三分之一以上，建筑行业消耗的能源及自然资源占全球能源和自然资源消耗量的三分之一以上，建筑建设和拆除产生的固体废物占全球固体废物的三分之一以上。绿色建筑充分考虑到了建筑在设计、建造、使用和拆除过程中对土地资源及能源的使用能效，可以减少建筑行业的噪声污染、化学污染和有毒废弃物的污染，从而实现建筑行业的可持续发展。

第四，发展绿色建筑有利于创造新的就业机会。发展绿色建筑，必将在建筑行业产生新的就业岗位。

第五，发展绿色建筑有利于提高居民的身体健康水平。绿色建筑通过改善通风、日照系统，可以大幅减少室内空气污染和噪声污染，从而改善居民的居住环境，提高居民整体的身体健康水平。在收入较低的发展中国家，室内空气污染是影响居民身体健康、导致严重疾病的主要诱因。因此，在这些国家推行绿色建筑，通过供暖、厨卫等设备和电器的更新升级，可以大幅减少室内的空气污染，会对改善居民的身体健康起到较好的作用。

### 3.绿色交通

随着全球交通系统的不断发展与扩张，其对全球环境与资源的影响日益严重。交通系统对自然资源、能源有较高的依赖性，在交通系统中，汽车的生产制造需要大量的钢铁与塑胶产品，马路等交通设施的建设需要大量的钢筋水泥，上述生产活动必将消耗大量的自然资源。同时，在对汽车等交通工具的使用和维护过程中，也将消耗大量的石油、机油、橡胶和其他消费性原材料。交通系统消耗了全球半数以上的液态化石燃料，其所产生的直接负面影响就是排放了大量的温室气体。据不完全统计，交通系统排放的二氧化碳总量达到全球温室气体总量的四分之一以上。

在整个交通系统中，陆上运输所排放的二氧化碳气体最多，占全系统总量的73%。交通系统对环境和人体健康有较大的影响，其主要表现为噪声污染和大气污染等。交通污染对人类健康造成较大的威胁，人们每天呼吸的空气被汽车等交通工具排放的废气所污染，这是造成人类心脑血管疾病和呼吸系统疾病的主要诱因。同时，交通系统对环境产生的噪声污染也影响人类的正常工作与休息，尤其是会使部分人产生睡眠障碍，从而引发高血压和心脏疾病。此外，全球交通拥堵问题日益严重。随着各国城市化进程的不断发展，尤其是发展中国家居民生活水平的不断提高，居民的车辆保有量逐年提高。城市交通基础设施建设满足不了快速增长的汽车保有量的需求，导致部分城市出现较严重的交通堵塞问题，不仅徒增了汽车的能源消耗，加重了汽车尾气污染，而且还降低了社会的生产效率，对经济发展造成负面影响。

通过对汽车数量和二氧化碳排放量的分析可以发现，绿色交通体系对于实现全世界的可持续发展具有重要的作用。要在全球范围内推行绿色交通，就要对绿色交通达成共识，以此为基础在全球范围内推行。在对现有资料分析的基础上可以发现，绿色交通从大类上可以分为微观和宏观两部分。从微观角度来说，绿色交通就是指那些对环境污染比较小的交通出行方式，主要有步行、骑自行车和开新能源汽车等。从宏观角度来说，绿色交通可以分成三个方面，分别从满足人类需求、推动经济发展和节能减排三个角度来划分。绿色交通的根本目标是为人类提供更加便捷的出行方式，这种出行方式要与环境发展协调一致。绿色交通与传统交通最大的区别在于其更加高效，既能够满足人们的出行需求，又能够推动经济社会的发展。

### 4.绿色工业

随着社会的生产力迅速发展，全球的工业水平取得了较大的进步。近年来，主要工业原料产量增长迅猛。在过去十几年间，发展中国家的工业发展迅猛，已经成为各国经济发展的重要引擎。工业在全球经济发展中扮演着重要的角色，不仅是全球经济的支柱产业，更是全球经济增长的主导部门和经济基础，是全球经济社会发展的重要支撑。

绿色工业的实质是减少生产中能源和资源的消耗，同时减少工业生产中有害废弃物的排放。在工业产业内，倡导绿色工业，实行节能减排，是实现可持续发展的必然选择。

发展绿色工业是缓解全球资源短缺的重要举措。工业的生产过程，就是将自然资源转化为工业品和消费品的过程。因此，制造业对自然资源，尤其是水资源、油气资源和矿产资源等依赖度极高，没有足量的自然资源，工业发展也就成了无米之炊。随着人类对全球自然资源的不断开发利用，加上部分地区粗放的工业加工方式，部分矿产资源逐渐枯竭，全球生物多样性也遭到了极大破坏。

全球资源紧缺已经成为传统工业持续发展的绊脚石，尤其是高度依赖自然资源的高耗能工业，更是面临着重大考验：一是快速发展的新兴经济体对资源和能源的需求呈几何级增长，加剧了全球资源竞争；二是随着高品位的金属矿石的逐渐枯竭，更耗能的低品位矿石进入制造业，加重了工业的能耗；三是部分落后地区的低水平利用资源造成了极大的资源浪费，对地区生态服务产生了不可挽回的损失；四是全球经济危机后，各种资源价格浮动很大，加剧了资源供给的不确定性。因此，发展绿色工业、提高工业的资源使用效率，将能够极大地缓解全球资源短缺的状态。

发展绿色工业有利于改善日益严重的空气污染。工业废气主要指企业厂区内燃料燃烧和生产工业过程中产生的各种排入空气的含有污染物气体的总称，主要有微粒粉尘、二氧化硫、二氧化氮、铅，以及其他化学成分。近年来，随着全球工业的不断发展，尤其是发展中国家工业的迅速扩张，全球工业废气的排放量持续上升，造成了巨大的经济损失。研究表明，工业废气的排放，尤其是二氧化碳的排放，与全球气候变暖有着直接的联系。因此，对工业废气实行减排，不仅可以减少工业废气对当地居民健康的影响，而且对减少二氧化碳气体排放有着重要的意义。

## 三、绿色经济产业群

绿色经济是一个经济生态系统，其包括的内容广泛，在整个经济系统中，只要是符合绿色经济特征的发展模式，都可以被称作绿色经济产业。绿色经济具有包容性，涵盖了农业、工业和服务业等，尤其是在互联网的影响之下，越来越多的绿色经济被创新出来。本部分在绿色经济支柱产业的基础上，总结了绿色经济产业群的四个方面特征：

### 1.技术的绿色

绿色技术是绿色经济产业发展的第一重要支柱，具体确定为防治污染、节约资源和保护生态环境的技术，主要包括以下三个层次：

一是污染防治技术，主要是传统的末端污染控制技术，如废水、废气和固体废物的净化处理技术等。

二是节约资源技术，即环境友好型技术，指在生产、流通和消费各个环节可以提高资源效率，减少污染物的排放和废弃物的产生，具体包括清洁生产、清洁能源、节能技术、资源节约与综合利用及再生、循环经济技术、绿色交通、绿色建筑，以及绿色制造等技术。

三是生态保护技术，指维护生态平衡，提高生态服务功能的技术，包括生态恢复技术、生态农业、林业技术、防风固沙、水土保持、草原湿地和生物多样性保护，以及生态景观建设等技术。

### 2.产品的绿色

绿色产品是符合环境保护和改善的要求，减少对生态环境的破坏，提高资源的循环利用率，降低能源消耗的产品。主要体现在如下几个方面：在生产过程中选用清洁原材料和环保生产技术；消费者在购买绿色产品并使用的过程中，不对环境产生污染或者基本无环境污染；产品在使用寿命终结时，其回收处理过程基本不产生对环境有危害的废物；在其生命周期中做到能源消耗少，循环利用次数多，产品生产废弃物少，各个环节所消耗的资源均降到最低程度。

### 3.服务的绿色

服务的绿色是指产品或服务在其生产、流通、消费领域向消费者提供的全程绿色服务，以及绿色产业体系中包含的绿色服务业在经济活动中以节约资源、减少污染、维护人类健康为原则而提供的一系列服务。

### 4.产业结构的绿色

产业结构的绿色是管理过程和生产过程的生态化，是将社会生产、社会服务转变为生态发展的一部分，让社会经济活动的各个环节绿色化。产业结构绿化是全部产业经济的绿化，它发生在所有的产业部门。从绿色经济的产业体系构成可以看出，绿色经济产业群与系统的发展，催生大量的新的经济增长点，创造中国经济增长的新动力。这也正是中国经济新常态的核心特征与方向。

# 第二节 绿色经济的特征

## 一、绿色经济具有绿色文明性和产业性

绿色经济的发展是建立在价值观重构的基础上的，更加注重对资源的保护和利用，其涵盖了工业生产的方方面面。绿色经济追求的是生态和经济价值的最大化，在发展过程中要时刻把观念摆在首要的位置，也就是我们所说的绿色文明性。随着人与自然关系的不断演变，人类文明进程也在逐步推进。第一次工业革命使人类由农业文明时代迈向工业文明时代，这是历史上的一个了不起的进步。第二次和第三次工业革命，使人类发展了工业文明，极大地解放和发展了资本主义发展模式，但也带来了巨大的环境消耗。而作为第四次工业革命的绿色经济革命，将推动人类从黑色的工业文明时代进入新的绿色文明时代。可以说，绿色文明是绿色经济的基本价值观，绿色经济是绿色文明的表现形态，是人类对于自然规律、经济规律、社会规律探索的最新集大成，也就是说，绿色经济具有文明性。

绿色经济不是孤立存在的，而是依托相应的产业而发展的，因此绿色经济在发展中具有产业性。产业性是绿色经济最直接的外在表现，也是促进原始创新与经济不断循环的重要途径。产业绿色化是一次全方位的产业革命，既包括传统黑色产业的绿化，又包

括战略性新兴绿色产业的发展。

一方面，新兴产业不能凭空而为，必须依赖传统产业的技术积累、制造能力和产业体系，传统产业已经形成完备的产业配套体系，能够为新兴绿色产业发展提供雄厚的产业支撑和广阔的市场需求。

另一方面，要发挥绿色产业的技术优势，加快对传统高耗能、高污染、高排放和低效益的产业如钢铁、水泥、玻璃、化工和有色金属等的改造，淘汰落后产业，突破黑色和褐色产业的利益刚性与发展惯性，提高资源利用效率，降低能耗和碳排放，进一步发展具有比较优势的劳动密集型产业，扩大社会就业。同时，实现绿色产业的绿色转型，要吸引私人和公共资本进入绿色经济领域，发展绿色金融，加大对可再生能源、新能源汽车、环保等战略性新兴绿色产业的绿色投入。在新兴绿色产业发展方面，发展中国家与发达国家差距较小，要加大绿色投入，发挥自身的后发优势，实现又好又快发展。

绿色经济的发展不是唯经济指标的发展，在发展的过程中强调通过高新技术为内生动力，助推人与自然的和谐相处、和谐发展，实现经济指标、生态指标及人的全面发展指标相互促进、相得益彰、共同发展，任何一个指标发展的缺位都将影响三个指标的整体效能。绿色经济强调经济发展的关键在于资源环境的永续性和可持续性，子孙后代能够永续享用，即具有代际公平性、生态永续性的特点。因此，必须坚持绿色发展理念，利用第四次工业革命技术，建立基于生态指标、经济指标、人的获得指标为一体的生态化经济发展模式。

## 二、绿色经济具有消费合理性

绿色经济最终的产出是为消费服务的，绿色经济建立在消费的基础上才是有价值的，才会是继续发展的。农业经济和工业经济的发展破坏了人与自然的依存关系，迫使人们开始寻找一种能够实现经济与资源协调发展的模式，而绿色经济强调经济发展要有利于资源节约、环境保护、消费合理的思想，恰恰符合这样一种模式。在绿色经济模式下，人类以经济、自然和社会可持续发展为目标，将绿色生产生活和生态环境保护统一起来，突出资源节约与合理利用，强调环境保护与经济增长并举。

具体来说，绿色经济将自然资源作为研究的内生变量，认识到自然资源的稀缺性，唯有节约资源、减少耗费、经济地使用资源，方能解决资源稀缺性与人类无限需求的深刻矛盾。环境是人类生存的条件和发展的基础，绿色经济要求人类保护环境，减少环境污染，改善生态环境。前三次工业革命使得资本主义的消费急速扩张，远远超过了资源能源利用率的提高，而绿色经济要引导大众走向绿色、适度、合理的消费方式，将从根本上扭转不可持续消费的趋势。

绿色消费主要是指消费行为和消费方式，如尽可能地购买散装物品，减少在包装上面的浪费；购买可循环材料做成的商品；少购买或少使用一次性产品，如酒店或饭店里的剃须刀、梳子、塑料餐具等；使用可充电电池，它寿命长久、花费更少，且不会给河流带来污染；买二手或翻新的物品；用能量利用率高的用品；用天然、无公害的物品代替化学制品。以上种种方法，可以帮助我们减少污染，节约能源。

## 三、绿色经济具有创新性和公益性

绿色创新本质上是要改变传统的生产函数，利用创新要素替代自然要素，提高资源配置效率，使经济发展与自然资源消耗、环境污染逐渐脱钩。绿色创新包括绿色制度、绿色技术、绿色市场，以及绿色观念等创新。其中，绿色制度创新有助于正向激励绿色要素聚合，绿色观念创新引导人们改变先污染、后治理的思想，绿色技术创新能够提升资源利用和环境治理效率，绿色市场创新推动绿色低碳生活方式和消费模式。

绿色经济的发展一定是建立在公益性基础上的，这是基于对以往经济发展路径的深刻认识和对人类生存环境的担忧。能够被人们利用的自然资源，在一定时空范围内的数量是有限的，而人们对物质需求的欲望却是不断膨胀的，二者之间的矛盾越来越凸显。

经济、社会和环境的协调可持续发展是绿色经济的宗旨。绿色经济要求遵循生态规律和经济规律，时刻考虑生态环境容量和承载能力。因为环境资源不仅是经济发展的内生变量，而且也是经济得以发展的前提条件。同时，发展绿色经济有利于减少贫困；发展绿色经济有利于增加自然资本投资，从而增强生态环境保护与收入提高的相关性；发展绿色经济可以提高贫困人群拥有的生存资本的存量和质量，扩大其交易机会，最终有助于社会发展。此外，当全社会的绿色经济观念和意识增强时，有助于更加广泛地在生产和生活中践行绿色经济思想，以实际行动共建美丽地球。无论是在环保上，还是在经济发展上，绿色经济的发展水平比以往的传统经济发展模式都要有更大的提升和进步。绿色经济强调的人与自然的和谐统一，经济、社会与环境可持续发展的理念，惠及每个国家的每个公民，甚至是人类的永续发展。因此，绿色经济能够吸引各个国家和人民自觉投身绿色经济发展，即以最小的资源消耗获得尽可能大的经济效益，实现物质文明、生态文明和精神文明的协调发展。

## 四、绿色经济具有低碳性和复杂性

绿色经济的发展是以低碳环保为前提条件的，绿色经济一方面强调生产生活的节能、降耗，即增强能源利用效率，提高可再生能源和新能源的消费比重，尽可能地减少煤炭等不可再生能源的使用；强调在生产和消费环节应减少碳排放，降低经济发展对环境的损害和资源的消耗，体现了低碳环保的理念。

低碳经济已成为 21 世纪世界经济发展的主要特征和趋势。在中国大力发展低碳经济，也是构建小康社会、实现"美丽中国"蓝图的必由之路和坚实保障。"绿水青山就是金山银山"是对低碳经济最为形象的描述和概括，也是党和国家最为明确的指示和要求。低碳经济作为新的发展模式，不仅是实现全球减排目标的战略选择，而且是保证经济持续健康增长的最佳选择。全球经济发展理念和模式的转型，为中国经济发展提供了重大机遇。在政府倡导和企业自觉的双向努力下，中国已经成为积极发展低碳经济的引领者。历经数年发展，中国企业目前已经在多个低碳产品和服务领域取得世界领先地位，其中以可再生能源相关行业最为突出。

绿色经济通过加大绿色投资、提升绿色技术创新、改善绿色组织管理等方式，转变粗放的增长模式，提高资源使用效益，减少资源消耗和污染排放，最终实现经济发展。绿色经济模式与传统经济模式最大的区别在于绿色经济模式更具包容性，不只是关注经济、抓 GDP 的增长，还始终把人的存在状态和发展水平作为关注的核心和思考的起点，认为只有提高人类福祉和社会公平，为妇女、儿童及贫困地区人口创造更多的就业和收入机会，方能实现环境、经济和社会的可持续发展。绿色经济不仅重视人的获得感的提升和生态文明建设的成效，而且重视社会的发展和进步。绿色经济的供给领域改革不仅包括生产和分配的体制机制供给，而且包括公平供给的落实，使绿色经济的发展公平地惠及每个人。绿色经济强调注重人的环保意识的培养，使环保行为成为每个人的自觉行为，成为一个社会和国家的自觉行为，并且把绿色经济作为衡量社会进步的重要标志，以绿色 GDP 取代传统 GDP。

绿色经济是具有复杂特性的经济形态。所谓复杂，是那种发生在秩序与混沌边缘的状态，是一种既具有亦此亦彼，又具有非此非彼，既具有确定性，同时又具有不确定性的过程。绿色经济正是具有这样特性的经济形态。从秩序、现在和危机的视角看，它是以市场为导向，以传统产业经济为基础，以绿色创新为利润增长点的经济增长方式；从混沌、未来和重构的角度看，它似乎又是主要以全球跨国间的价值认同和国际契约为导向，以可持续发展的微观经济组织为基础，以人类共同福祉为目标，具有新质的经济发展方式。绿色经济的复杂性决定它还具有或然性特征。它既可以被当作带动新一轮经济增长的创新点，又可以被当作诱发新经济发展的始基因素。众所周知，经济增长与经济发展都是经济进步的表现形式，但前者是在原有生产方式基础上的量的进步，后者是旧有生产方式发生革命性质的转变。从选择的角度看，经济增长方式的创新常有发生，经济发展方式的转变却很少进行，因为那些能诱发生产方式质变的始基因素可遇不可求。

# 第三节 绿色经济的理论框架

## 一、绿色经济的系统框架

绿色经济是将自然资本作为经济发展的内生变量，以绿色文明为基本价值观，以资源节约、环境保护和消费合理为核心内容，以绿色创新为根本动力，通过技术创新与绿色投入，改造传统产业与发展新兴绿色产业，全面绿化整个经济系统，实现绿色增长与人类福祉最大化的经济形态。绿色经济主要由绿色劳动者、绿色企业、绿色市场和中介组织、政府、社会等各个部门共同参与。因此，应该将绿色经济视为绿色生产、分配、交换和消费的有机系统。绿色经济是经济社会发展到一定阶段的现实选择和必然产物。

消费理论认为，当人均收入超过3 000美元时，效率不再是消费者进行产品满意度评价的唯一标准，产品的健康性、异质性和独特性风格等也是评价的重要参考依据，绿色经济很好地契合了这一标准。由于与传统的经济形态相比，绿色经济在核心内容、根本动力及表现形式等方面有着本质的区别，因而绿色经济动态循环过程同其他经济形态也是有所区别的。

绿色经济系统的外围层是绿色经济系统的基础环境，主要包括绿色制度、自然资本、科技创新和社会保障等。绿色基础环境是绿色经济体系的支撑和保障，也是推动绿色经济持续发展、良性循环的关键内容。正如世界经济合作组织在《迈向绿色增长》报告中所指出的那样：稳定的宏观环境特别是财税制度、科技创新、纠正严重失衡的自然系统和破除资源瓶颈是绿色增长的四大来源。具体来说，绿色制度包括以政策法规为主的正式制度和以道德文明为主的非正式制度，而好的制度，特别是那些有利于促进资源有效利用和生态环境保护的制度，是任何绿色发展战略的核心。

## 二、绿色经济的核心框架

### （一）绿色生产

绿色生产是绿色经济的重要运行形式，它将自然资源与生态服务纳入生产投入的范畴，以节约能源、降低能耗、减少污染为目标，以技术和管理为手段，将绿色理念贯彻生产的全过程，创造出绿色产品，以满足绿色消费，实现资源节约和环境改善。从生产流程来看，绿色生产包括绿色决策、绿色设计、采用绿色技术与工艺、绿色采购、绿色营销，以及绿色管理等各个方面；从生产类型来看，绿色生产包括绿色产品生产、绿色服务和劳务生产等。其中，绿色决策是绿色生产的灵魂，它要求生产者摒弃传统粗放的生产方式，在制订生产计划、选择研发方案、确定产品种类等方面，都必须将资源节约与环境影响考虑在内。在绿色生产环节，绿色管理也是重要的内容。绿色管理是绿色经济的微观实现途径，是生态经济学在现代企业管理的新发展。绿色管理坚持全过程控制和双赢原则，要求在管理的各个层次、各个领域、各个方面、各个过程中，时时考虑环保、处处体现绿色。因此，绿色管理能够为企业带来差别优势和成本优势，有利于提升企业的形象，是提高企业竞争优势的重要手段之一。

### （二）绿色消费

绿色消费是一种以协调人与自然关系为目标，有益于消费者自身、他人身心健康、有利于环境改善的新的消费方式。作为绿色经济活动的起点和终点，绿色消费通过价格机制调节引导产品结构、市场结构，以及产业结构的绿色化转变。绿色消费的对象是绿色产品与服务，消费方式是合理适度消费，消费结果是改善健康安全水平。绿色消费的内容极为广泛，涵盖消费行为的方方面面，可以概括为五个原则，即节约资源、环保选购、重复利用、循环再生和保护自然。绿色消费根据这五个原则分为对应五种消费类型，即节约资源型消费、环保选购型消费、重复利用型消费、循环再生型消费和保护自然型消费。

节约资源型消费指的是在消费中尽量节约使用自然资源，特别是不可再生资源，同时尽量减少对环境的污染和破坏；环保选购型消费指优先选购有利于身体健康和环境保护的消费品，以自身的消费选择来倒逼企业进行绿色生产；重复利用型消费要求在日常生活中，尽量减少一次性物品的使用，重复利用各种物品，最大限度地发挥产品的使用价值；循环再生型消费要求对尚有利用价值的消费品进行分类回收和循环利用，减少资源浪费和环境污染；保护自然型消费又称自然友好型消费，它强调在消费过程中尊重自然、顺应自然、保护自然，以实现人与自然的和谐共处。只有当绿色消费不断扩大、绿色需求足够强烈时，绿色消费力量才能达到一定水平，方能抵制和抗衡消费的非理性行为，推动绿色消费及其健康发展。

### （三）绿色市场

绿色市场是绿色经济运行的整体形式，是绿色生产与绿色消费的中间联系。研究绿色市场就是从整体上把握绿色经济的运行状况，以揭示绿色经济的总体特征和运行机制。绿色市场包括商品市场和要素市场。商品市场又包括绿色消费品、绿色生产资料市场，要素市场即绿色生产要素市场。绿色经济的本质要求将经济活动的生态环境影响纳入市场的体系和框架中，这一本质决定了绿色市场与传统市场相比，必须解决影响经济绿色化的两个问题：一是解决经济活动的外部性问题，即如何将外部性问题内部化；二是价格机制如何反映市场绿色供给与绿色需求的关系。

### （四）绿色生产、绿色消费和绿色市场的关系

绿色生产、绿色消费与绿色市场是相互影响、相互制约的。绿色生产是绿色经济体系的基础，以生产过程的生态足迹减少为核心，是既要满足当前社会的需求，又不能损害满足将来需求的生产活动。绿色生产决定绿色消费的对象、方式、质量和水平，要求各种原材料和能源消耗最小化，各种生产浪费最小化。绿色消费作为绿色经济活动的起点和终点，是绿色生产的目的和动力，调节反作用于绿色生产，是绿色经济体系的关键。

只有当消费者，包括个体消费者和机构消费者，倾向于购买可持续的绿色产品和服务时，生产者才会积极响应消费者的需求，生产绿色低碳的产品和服务。绿色市场是绿色经济体系的重要中介，是绿色生产与绿色消费实现的关键平台，通过市场机制方能实现绿色价值。

绿色评价包括对自然资源市场价值的造价评估，对经济增长的质量与构成的考核，对生产生活消耗的资源、人类活动对环境的影响，以及自然环境对人们财富与福祉的影响等进行评价。强有力的绿色评价将地球边界纳入考量范畴，能够有效地监测与管理资本的扩大再生产，解决"搭便车"等市场失灵的问题，提高经济发展的质量，实现经济、社会、环境效益的统一。

在短时间内，由于绿色转型的代价及政策协调难度大等因素，会阻碍绿色政策的实施和制度的完善。在绿色经济理论中，自然资本是与人造资本、人力资本并驾齐驱的三大生产要素。自然资本不可被人造资本完全替代，由于自然资本的有限性特征，必然会制约以人造资本积累为导向的经济增长。如何扭转、摆脱这一制约呢？关键在于科技的创新。科技创新是绿色经济的动力和关键，对经济总量起到扩张和倍增的作用，有利于提高要素投入的综合生产力，改变三大资本之间的相互关系，释放生产力。一方面，技术进步与创新使经济增长与自然资本消耗和生态环境破坏脱钩。另一方面，技术进步与创新通过改变生产要素结构，解除由于要素限制对生产力发展造成的阻力。

绿色经济以人为本，维护人们较高的生活质量，为人们提供物质保障、健康、自由、安全等，其最终目标是提高人类的福利水平。当前，提高人们的物质保障和健康安全的主要要素就是社会保障体系。社会保障要素涵盖教育、医疗卫生、文化娱乐等内容，通过人类日常生活对自然环境系统产生影响，并为绿色经济系统提供绿色的产品和服务，满足经济系统的消费需求。因此，社会保障情况既是绿色经济发展水平的具体体现，又是绿色经济竞争力提升的重要保障，更是实现经济系统、生态系统和社会系统三位一体的基本前提。

# 第二章 绿色经济发展模式构建

## 第一节 绿色经济发展模式的原则

绿色经济实质上是一种生态经济可持续发展模式。现代经济发展的实践表明，任何可持续发展经济问题都涉及人口、科技、文化、教育、政治、制度、伦理、心理、资源和环境等许多领域。因此，在研究创建绿色经济发展模式的过程中，需要明晰绿色经济发展的基本原则，为构建绿色经济发展模式提供理论基础。绿色经济发展模式的本质特征是建立在生态良性循环基础上的生态经济协调可持续发展。因此，构建全新的现代经济发展模式必须遵循生态经济社会有机、整体、全面、和谐、协调和可持续发展，即绿色发展的原则。这主要包括生态发展优先原则、公平性原则、共同性原则、协调性原则和绩效性原则。

### 一、生态发展优先原则

马克思曾多次声明自己的唯物主义立场，完全承认和坚持自然界对于人类优先地位的不可动摇性，明确提出了"外部自然界的优先地位"。马克思主义关于自然界对于人类及人类社会优先地位的科学论断，从根本上规定了自然界是人类及人类社会存在的根源性基础。按照马克思把自然作为全部存在的总和及最广义的物质世界来理解，自然界当然是最先的、最基础的存在。因而，就自然与人的关系来看，自然界无疑是人的存在及其一切实践活动的基础与前提。

自然界对于人类的优先地位既表现在自然界对于人及其意识的先在性上，又表现在人的生存对自然界本质的依赖性上，更突出地表现在人对自然界及其物质的固有规律性的遵循上。而人的目的的实现恰恰都是人遵从了自然及其规律的结果。因此，生态也必须优先，这是生态在人类实践活动中享有优先权的一种内在的、本质的必然趋势和客观过程，是不以人们意志为转移的客观规律。因此可以说，生态优先规律不仅是世界系统运行的基本规律，而且也是人类处理与自然关系的最高法则，现代人类社会活动就应该先遵循生态优先规律。

生态发展优先，追求的是人类实践活动及人类经济社会发展不能超越自然界生态环境的承载能力，保护世界系统运行的生态合理性。生态发展优先原则，就是生态经济学强调的"生态合理性优先"原则，包括生态规律优先、生态资本优先和生态效益优先基本原则。生态发展优先原则，是生态经济社会有机整体和谐、协调的重要法则。

生态兴则文明兴，生态衰则文明衰。良好的生态环境是人类文明形成和发展的基础和条件。人类文明要继续向前推进，就必须正确认识人与自然的关系，解决好人与自然的矛盾和冲突，并将其置于文明根基的重要地位。生态危机是人类文明的最大威胁，要走出生态危机困局，就必须排除经济发展过程中的阻碍，寻找一条适合的发展道路，而这条道路正是生态文明建设。只有大力推进生态文明建设，不断满足人民群众对生态环境质量的需求，才能不断夯实经济社会发展的生态基础。

良好的生态环境本身就是生产力，就是发展后劲，就是核心竞争力。保护生态环境就是保护民生，改善生态环境就是改善民生。良好的生态环境是最公平的公共产品，是最普惠的民生福祉。改善生态需要彻底转变观念，生态将是我国未来发展的重要构成。

建设生态文明就是发展生产力。只有夯实生态文明的基石，保护好环境，才能解决生产力可持续发展中处于关键地位的资源要素问题，以循环经济的驱动力打破经济社会发展的瓶颈。我们必须牢固树立保护生态环境就是保护生产力、改善生态环境就是发展生产力的理念，牢固树立"绿水青山就是金山银山"的生态理念，更加自觉地推动绿色发展、循环发展、低碳发展，构建与生态文明相适应的发展方式。这是先导，也是生态文明建设的本质要求。

习近平总书记关于生态、生态环境、生态与文明的关系等讲话、论述，都包含了生态发展优先的原则。因此，人们必须遵循生态优先地位，自觉协调经济活动与生态环境发展关系，把保持生态系统良性循环放在现代经济社会发展的首要地位。一切都应该围绕"生态优先"改善生态环境而发展，使经济发展建立在生态环境资源的承载力所允许阈值的牢固基础之上。

## 二、公平性原则

公平是反映人与人之间相互关系的概念，它包括每个社会成员的人身平等、地位平等、权利平等、机会均等和分配公平。其中，权利平等又包括生存权、发展权等。从社会的角度看，公平意味着要改善低收入者的生活水平；从生态文明的角度看，公平意味着不同人群平等参与环境资源开发和保护的决策与行动。公平强调过程和结果的合理性，公正则强调制度、措施的正义性，是对政府决策的监督和约束。可持续发展经济理论中的公平也包含这两层含义，并强调人类需求和合理欲望的满足是发展的主要目标。可持续发展经济的公平原则归根到底就是人类在分配资源和占有财富上的"时空公平"，人们对这一生存空间中的自然资源和社会财富拥有同等的享用权，也拥有同等的生存权。可持续发展要求社会从两方面满足人民需要，一是提高市场潜力，二是确保每人都有平等的机会。

可持续发展是一种机会、利益均等的发展。它既包括区际的均衡发展，即一个地区的发展不应以损害其他地区的发展为代价；又包括代际间的均衡发展，即既满足当代人的需要，又不损害后代人的发展能力。从生态文明的角度讲，代内的公平正义应该是指同时代的所有人对于开发、利用和保护环境资源享有平等的权利和义务，主要体现为国际公平正义和国内公平正义两个方面。

当前，全球性的生态环境危机正威胁着人类的生存和发展，要想解决这一全球性的问题，仅凭一己之力是行不通的，需要世界各国的通力合作。然而，由于代内之间的权利和责任不对等，致使各国之间、各地区之间分工不明、协作不力、沟通不畅，无法达到和实现全球的可持续和可协调发展。

代际公平强调当代人与后代人在生态资源的利用上，要实现动态的平衡。合理的状态应该是自然资源的使用既满足当代人生存发展的需要，又不会对子孙后代的生存与发展构成威胁，为子孙后代留下可供利用的生态资源和发展条件。归根到底是人类在分配资源和占有财富上的"时空公平"，即自然资源如何在不同世代间的合理配置。

种际公平强调人类与大自然之间应该保持一种适度的开发与保护关系，既不能为了人类的利益破坏大自然的生态环境，又不能为了保护自然生态环境而罔顾人类的生存与发展，人与自然环境之间应构建一种共生共荣、相互协调、相互包容的关系，在能量和物质交换上达到动态平衡，使人类社会能够可持续发展下去。种际公正要求人类敬畏生命，尊重其他物种生存的权利，其基本要求就是保持生物多样性，保护濒危动植物，寻求人与自然的和谐。

## 三、共同性原则

绿色发展是超越文化与历史的障碍，来看待全球发展问题的。保护环境、稳定世界人口、缩小贫富差距和消除赤贫，这些可持续发展所面临的挑战已成为全球可持续发展工作的重心。不同国家、不同社会阶层肩负着相同的责任，面临着同样的命运，将这一共识扩大到国际层面，以便尽量确保世界各地的可持续发展。虽然各国国情不同，可持续发展的具体模式也会不同，但都有一个共同目标，就是追求整个世界范围内的人类经济社会的可持续发展。因而，实现可持续发展是地球人类的共同责任。

在现实世界，资源耗竭和环境压力等许多问题产生于经济和政治权利的不平等。生态系统的相互作用不会尊重个体所有制和政治管理权的界限。传统的社会制度承认这种相互依赖的某些方面，并使社区行使对农业生产方式，以及对涉及水利、森林和土地的传统权利的控制。虽然这种控制可能限制技术革新的接受和推广，但"共同利益"的控制并不一定妨碍增长和发展。全球性繁荣未必受到日渐减少的自然资源的限制。尽管共同利益的实现会经常遇到麻烦，但只要加强国际合作，在全球范围内实现共同的目标、共同的利益是可以做到的。因此，无论是发达国家，还是发展中国家，公平性原则和共同性原则都是共同的，各个国家要实现可持续发展，就需要适当调整其国内和国际政策。

共同性原则反映了世界各国既要致力于尊重各方的利益，又要保护全球环境与发展体系的国际协定，认识到地球的整体性和人类的相互依存性。

## 四、协调性原则

绿色发展系统是由可持续发展生态系统、绿色发展经济系统和绿色发展社会系统组成的，是由人口、资源、环境、经济、社会等要素组成的协同系统。各个子系统之间彼此相互联系、相互制约，共同组成一个整体。当某一个系统临近生态极限时，不平等变得更加尖锐。因此，绿色发展的关键就是要使经济社会发展同资源利用与环境保护相适应，协调经济社会发展同人口、资源、环境之间的关系。为了实现这一目标，需要人类通过理性化的行为和规范，协调人类社会经济行为与自然生态的关系，协调经济发展与环境的关系，协调人类的持久生存与资源长期利用的关系，做到经济发展与生态保护的和谐统一，经济发展对自然资源的需求和供给能力的和谐统一。

协调性原则实际上就是以绿色发展功能优化要求遵循的关系为原则，即绿色发展系统内在关系的协调，包括人地关系的协调、区际（代内）关系的协调、代际关系的协调。在现实经济活动中，人们通常说的生态恶化和环境污染主要是人地关系不协调，资源禀赋不同导致的贫富分化与地区冲突主要是区际（代内）关系不协调，滥用、浪费从后代那里借用的自然资源和环境资本主要是指代际关系不协调。

绿色发展旨在促进人类之间，以及人与自然之间的和谐，贯彻绿色发展的共同主题需要在决策过程中将经济和生态结合起来考虑。贫穷、环境退化、冲突等不协调问题不可能在隔绝状态中加以解决，必须在协调性原则下加以解决。

# 五、绩效性原则

由于地球生态系统的承载力有限，不可能承受人类对资源能源无限和无节制的开发利用，以及由此产生的污染排放的无限增长。由此，必须减少人类活动对资源或环境的影响。

在传统经济发展模式下，世界各国的经济增长是以牺牲生态环境为代价的。自然生态系统与经济发展不相适应，就会加剧人类生存与生态环境之间的矛盾，就会制约整个社会的永恒发展。如果试图通过降低经济增长率来缓解经济发展和人类生存与生态环境之间的矛盾，或减少对环境的影响，是不现实的。绿色增长就是要在追求经济增长的同时，不仅不能增加其对环境的影响，而且要将其对环境的影响减至一定的限度内，或者实现经济增长与其对环境影响的脱钩。要想在追求经济增长的同时降低其对环境的影响，并能协调经济增长与环境的可持续性，就必须依靠技术创新和提高生态效率或资源环境绩效。绿色发展的核心是提高生态效率或资源环境绩效，而提高资源环境绩效又有赖于绿色创新。

绿色创新或可持续创新作为创新与可持续发展的重要结合点，目前尚未有统一的定义。如果从微观和宏观层面来理解，那么微观层面的绿色创新通常是指企业在一个相当长的时间内，持续不断地推出、实施旨在节能、降耗、减排和改善环境质量的绿色创新项目，并不断实现创新经济效益的过程。而在宏观层面上，绿色创新则指人类社会关注环境－经济－社会的协调发展，并使之得以实现的创新性活动。

由于资源环境绩效更多地受到技术、结构和制度的影响，因此围绕资源环境绩效提高的绿色创新，必然涉及技术创新、结构创新和制度创新。可通过三种路径，来提升资源环境绩效。一是在短期内，通过对已有的方法和途径进行微调和创新，以满足需求。二是在中期内（5～20 年）依靠研究和创新，对更多的产品和过程进行综合技术改造或重组。三是设计形成一种全新的系统方案，采用与现有模式完全不同的一套技术、制度和社会安排。依靠前两种路径来提升资源环境绩效的范围有限，第三种路径暗含着发展方向的改变，并且创造了一种新的模式，该途径对应于可持续性创新。

# 第二节 绿色经济发展模式的绿色能源基础

能源是实现人类社会可持续发展的关键因素之一。在常规能源中，我国有丰富的煤炭资源，但油、气资源相对短缺。这种"富煤、贫油、少气"的资源禀赋特点，决定了我国长期以来一直以煤作为主要能源，偏离了国际上以油、气为主的能源消费结构的主流。世界发达国家能源结构已完成了由煤向石油的转换，正朝着高效、清洁、低碳或无碳的天然气、核能、太阳能和风能的方向发展。

绿色能源，也称新能源、可再生能源。长期以来，国际和国内关于"新能源"的定义都存在着一定的争议，其定义模糊不清、范围不够明晰。在联合国新能源与可再生能源会议上，将新能源正式定义为以新技术和新材料作为基础，将传统的可再生能源通过现代化的开发与利用，不断替代资源有限且对环境有污染的化石能源，获得取之不尽、用之不竭的可再生能源。水能、太阳能、风能、核能、氢能、生物质能、天然气和清洁煤炭等这些可再生能源的储存量丰富，基本上不会对环境造成污染，还可以就地使用，在利用形式上可以集中建设，也可以分散建设，形式灵活多样。

中国是世界上的能源消费大国，能源科技自主创新基础比较薄弱，可再生能源整体开发障碍重重。因此，在严峻的能源形势面前，人们只有尽快转变能源消费结构，改用高效、低碳的清洁能源，才能提高效率，减少污染，消除能源安全隐患，构建夯实的绿色能源基础。

# 一、绿色能源与绿色经济发展

绿色能源是环境保护和良好生态系统的象征和代名词。绿色能源既是解决环保和能源的危机，又是绿色经济发展的最好切入点和新的增长点。绿色经济发展需要绿色能源作支撑，绿色能源保障社会经济可持续发展。因此，世界金融危机和能源危机之后，各国政府都在反思能源发展策略并采取应对措施，主要有开源和节流两种策略思路。

绿色能源策略部分包括可再生能源、二氧化碳回收与储藏、低碳交通和智能电网等内容。在一些发达国家，通过法案来要求风能、生物能、太阳能和地热等可再生能源所产生的电力在电力公司的发电量中占到一定的比例，以此促进可再生能源的发展；在低碳交通领域，要求政府制定一个低碳交通运输燃料标准，以便促进生物质燃料和其他清洁交通运输燃料的发展；在智能电网领域，法案规定采取措施促进智能电网的推广和使用，以便实现电网现代化。

欧盟把绿色低碳经济作为未来发展的方向，视其为一场新的工业革命，提出了开发廉价、清洁、高效和低排放的能源技术，确保和推广碳捕集与封存技术的安全使用，以法规的方式强制要求各成员国发展可再生能源，并鼓励成员国采取各种优惠政策支持可再生能源发展等绿色低碳战略规划。

中国为了保障未来能源的可持续发展，制定了一些可行性方案。

第一，积极、稳妥、有序地开发水电。2020 年中国水电装机容量达到 3.7 亿 kW，主要得益于如下方面：①建立稳妥的政策促进水电开发；②重视水能开发和生态环境的关系；③重视地质结构对水电工程的影响。

第二，有效发展风能和太阳能。目前，太阳能的主要利用方式包括：太阳能的热利用，最具代表性的是太阳能热水器利用；太阳能的光电利用，最有代表性的是光伏发电；太阳能的光化学利用，主要用于太阳能发电和电池的生产等。国家对太阳能产业的发展制定了一系列的有效措施，如电价补贴、税收补贴、所得税补贴等，都在一定程度上支持了太阳能产业的发展。

第三，积极发展生物质能。生物质能就是太阳能以化学能形式贮存在生物质中的能量形式，即以生物质为载体的能量。它直接或间接地来源于绿色植物的光合作用，可转化为常规的固态、液态和气态燃料，取之不尽、用之不竭，是一种可再生能源，同时也是唯一一种可再生的碳源。人们很早就开始利用生物质能，用其生火、取暖等，在我国农村，生物质能得到广泛应用，如利用其作为燃料，将其发酵生产沼气等。因此，生物质能在我国目前的能源体系中不可或缺。

第四，在确保安全的基础上，高效发展核电。核能是安全、经济、清洁的能源，我国的核能实施热中子反应堆、快中子增殖堆、受控核聚变堆"三步走"的发展道路，应在确保安全的基础上的，大力发展核电。

## 二、可再生能源发展与能源革命

可再生能源发展至今，在世界能源消费中占据重要地位，在发电、供热及交通等领域得到了广泛应用。

纵观世界历次工业革命，都伴随着新的能源革命，能源和能源革命是人类社会发展的根本动力，只有依靠新能源替代化石能源的"能源革命"，才能从根本上解决能源安全问题，以及解决由此带来的气候、环境等一系列问题。新常态下，中国能源革命蓄势待发。中国面临着能源需求压力巨大、能源供给制约较多、能源生产和消费对环境损害严重、能源技术水平总体落后等挑战。因此，中国必须推动能源消费、能源供给、能源技术和能源体制四个方面的革命，能源革命将掀起绿色经济发展的浪潮。

能源革命，也就是"能源生产革命"，主要是指能源形态的变更，以及人类对能源开发和利用方式的重大突破。能源消费是在一定时期内，物质生产与居民生活消费等部门消耗的各种能源资源。2014年召开的中央财经领导小组第六次会议就推动能源生产和消费革命提出五点要求。第一，推动能源消费革命，抑制不合理能源消费。第二，推动能源供给革命，建立多元供应体系。第三，推动能源技术革命，带动产业升级。第四，推动能源体制革命，打通能源发展快车道。第五，全方位加强国际合作，实现开放条件下能源安全。

能源技术创新是能源革命的基础支撑和动力源泉。中国要走出一条新型的能源发展道路，构建起高效、绿色、安全的能源系统，不仅需要新兴的可再生能源技术和智能能源技术，需要现今的非常规油气技术和核电技术，还需要传统的节能技术和煤炭清洁高效利用技术。能源技术创新对保障国家能源安全至关重要，能源技术创新需要政府的支持和投入，特别是在提高技术标准、制定鼓励性政策等方面。为了保证中国的能源安全，人们必须大力发展清洁能源技术。立足中国的国情，把握能源技术创新的重点方向和领域，依托重大工程，以重大科技专项攻关为抓手，力争突破页岩油气、深海油气、可燃冰、新一代核电能源领域的一批关键性技术。同时，加强国内能源创新体系和能源装备工业体系建设，推动能源装备国产化、产业化，并以能源装备制造创新平台建设为纽带，加快能源科技成果转化，抢占绿色能源技术的制高点。紧跟国际能源技术革命新趋势，拓宽视野，积极吸收国际上成熟的技术和经验，推动页岩油气开采技术、大电网技术等国际先进技术在国内的应用；积极加强国际合作，有效利用国际能源资源，不断优化我国的能源结构。优化能源结构的路径是：降低煤炭消费比重，提高天然气消费比重，大力发展风电、太阳能、地热能等可再生能源，安全发展核电。

能源体制变革是能源革命的保证。能源领域的体制改革与制度创新，需要与技术创新同步推进，落后的体制机制会阻碍技术创新。我国能源领域的体制改革面临着复杂的情况，对能源领域该不该市场化、哪些领域该市场化、如何市场化和打破垄断争论不休，相应监督管理机制的转型难以推进。因此，能源体制改革的重点和核心是：第一，加快政府职能转变，要真正做到政府职能的合理转变和政府作用的有效发挥，必须实现从"功能泛化的传统能源管理体系"向"功能分化的现代能源管理体系"的转变。第二，还原能源的产品属性，为市场在能源配置中起决定性作用创造条件。坚定不移地推进改革，构建有效竞争的市场结构和市场体系，放宽市场准入，推动能源投资主体多元化。形成主要由市场决定能源价格的机制，建立健全能源法律法规体系，建立节能减排长效机制，促进绿色能源的使用。

"互联网+能源"的大众革命。能源互联网作为一种新经济形态，其改造的逻辑是互联网思维占主导。能源系统的再分散和再集中都是能源技术和体制的新革命，其特点在于先"分"后"合"，其生产"终端"将变得更为多元化、小型化和智能化，交易主体数量更为庞大，竞争更为充分和透明，最终形成的大能源市场则更为一体化，资源配置自由化，最终完成和电信网、广播电视网、互联网、物联网之间的大融合。"互联网+能源"采用的是互联网理念、方法和技术，实现能源基础设施架构本身的重大变革。能源革命的大众思维有可能产生新的社会推动力量和普惠机制，同样可能带来生态环境治理的新契机。

# 三、能源资源的多元化和低碳化发展

当前，我国能源呈现多元化的发展趋势，主要体现为基础能源体系形成多元发展态势、能源结构层次呈现低碳多元化格局和能源的开发形成区域化战略三个大的方面。与此同时，近年来，在我国能源领域也悄然发生了如下几个方面的战略转型和发展变化：由高成本的粗放型利用能源向集约化使用能源方式转变，由负外部性非清洁化能源开发向清洁化能源模式转变，由非市场化向市场化的目标转变。

改革开放40多年来，我国走完了西方大多数国家200多年的工业化历程，但代价也是巨大的，如果不实现能源低碳化，不抓紧进行清洁化和低碳化的能源革命，将非常不利于我国的能源利用和发展。因此，必须通过自主创新，推动能源资源的多元化和低碳化发展。

## （一）通过技术创新来引领能源资源的多元化和低碳化发展

### 1.太阳能光伏的核心技术

多晶硅是太阳能光伏产业的核心，其技术线路有多种。目前，世界上多数国家（包括我国）采用的是改良西门子法，这一技术能耗高、生产成本高，正逐步被能耗低、成本低的流化床法、冶金法替代。中国研发或引进冶金法、薄膜太阳能光伏等技术、工艺和设备，并逐渐实现大规模产业化。

### 2.风电装备技术

近年来，随着风电的大规模开发利用，我国在风电设备研发设计和制造能力上取得长足进步。一是风电设备关键零部件的技术水平快速提高，风机成本明显降低。二是风机产能迅速提升，市场占有率逐步扩大，在不断开发适应国内风能资源特点的产品、满足国内市场需求的同时，我国风电设备已开始进入国际市场。三是依托国内主要科研机构和骨干企业，我国建立了一批风能领域国家重点实验室和国家工程技术研究中心。四是参考国际惯例和相关标准，建立了适合我国的风电标准、检测和认证体系，为风电发展提供了技术支撑和保障。

（二）通过优势领域的重点项目和企业来引领能源资源的多元化和低碳化发展

目前，国内外在绿色能源及环保产业领域的竞争力极为激烈，中国要想在竞争中赢得主动，应学习借鉴外国政府支持大企业、大力发展信息产业的经验，凭借政府的强力支持，培养一批低碳能源企业。在太阳能光伏领域，加大资金投入力度，积极创造条件，争取外国太阳能行业在中国设立研发中心、运营中心。在风电领域，重点扶持大中型国有电力企业发展风电装备，建设风能电厂，开展风电运营。在核电领域，重点支持国家级的核能发电企业，尽快多建大型核电站来满足我国的供电需求。在生物质能领域，尽快解决国家重点扶持企业配套的木本油料生产基地建设、秸秆稳定供应、低碳能源指标及价格补贴、电力上网等问题。显而易见，低碳能源产业成本较高，但具有低污染、可再生、可持续的特点，政府应对低碳能源产业给予适当的减税或财政补贴等政策支持。

# 四、能源的效率化与能源消费的低碳化

## （一）提高能源利用效率

节能并不是不用能源，而是合理用能，提高能源利用效率、减少浪费、节省费用，在使用同样多能源的条件下产出最大，或使人民享受的能源服务最大化。为此，要重点抓好以下工作。

第一，转变经济增长方式，引导能源消费结构升级。坚持把节能减排作为落实科学发展观、加快转变经济发展方式的重要着力点；加快构建资源节约、环境友好的生产方式和消费方式，增强可持续发展能力；加快促进天然气产量的增长，推进煤层气、页岩气等非常规油气资源开发利用，加强油气战略进口通道、国内主干管网、城市配网和储备库建设。结合产业布局调整，有序引导高耗能企业向能源产地适度集中，减少长距离输煤输电。大力调整出口结构，顺利实现向高附加值、高技术含量产品出口模式的转变。

第二，大力推进节能技术进步，提高能源使用效率。必须完善节能环保技术创新体系，加强基础性、前沿性和共生性技术研发，在节能环保关键技术领域取得突破。建立节能的长效机制，加强政府指导、推动建立以企业为主体、市场为导向、多种形式的产学研战略联盟，鼓励企业加大研发投入。重点支持成熟的节能减排关键、共性技术与装备产业化示范和应用，加快产业化基地建设。加强节能环保领域国际交流合作，加快对国外先进适用节能减排技术的引进吸收和推广应用。

第三，夯实节能工作基础。完善节能环保法律、法规和标准体系，提高法律法规的可操作性，健全节能和环保产品及装备标准，完善环境质量标准，加快重点行业单位产品能耗限额、终端用能产品能效标准、建筑节能标准和设计规范等一系列节能标准的建立和完善，为促进全社会节约能源、提高能效提供更加完善的法律依据和标准基础。

### （二）能源低碳化消费的领域

目前，世界上一些国家的能源消费结构已经向着高效、清洁、低碳或无碳排放的新能源和可再生能源的方向转变。我国在能源消费领域全面推广和普及节约技术，鼓励消费者选择能源消费节约型产品。

智能电网。智能电网是指把信息通信网络和电网融合在一起双向控制电力供应的系统，该系统可以使消费者与可再生能源等的信息相结合，从而构筑起高可靠性、高效率、高质量的供电系统。智能电网的配电自动化系统可以控制到普通家庭和办公大楼，甚至可以控制室内空调的温度。用户也可以通过智能电网上的智能电表，掌握家中电器的电力使用状况，管理自己的电力消费，从而减少电力的使用量。智能电网的目的不仅仅在于节电和管理电力的使用状况，它最大的目的是起到可再生能源输送网的作用，将设在郊外或是远离大城市的可再生能源（太阳、风力、地热）发电基地产生的电力输送到电力消费量大的城市。智能电网还可以通过双向通信，把消费者的需求传送给电力公司。智能电网的应用目的在于实现电网能力的整体提升，其目标是提高资源优化配置和高效利用能力，促进资源节约型、环境友好型社会的建设和发展。

节能电器。近年来，我国家电节能产品得到了快速发展，逐渐成为市场主流产品。不少厂家的变频空调、冰箱达到了欧洲能效 A++ 标准，但与国际先进水平间仍存在一定的差距，提升节能型家电产品的技术势在必行，空调变频技术、燃气灶内燃火技术、热水器冷凝技术等节能技术先后投入使用。居民生活中节能产品的效果非常明显，节能冰箱比普通冰箱每天约节电 0.5 千瓦时，节能洗衣机比一般洗衣机节电 50%、节水 60%，使用 30% 的变频空调与同功率的定速空调相比，每台变频空调每年可节约 250 元电费。

节能建筑。节能建筑就是建筑项目从设计到建筑施工的所有环节都考虑环境负荷，尽可能地减少环境负荷的建筑项目，在项目中使用环境负荷低的涂料和建筑材料，使用可再生能源和节能产品。节能建筑采用新材料新工艺，节能环保又安全，冬暖夏凉，比较舒适。宏观来说，节能建筑是建设节约型社会的关键，关系到国家的未来；从微观来说，节能建筑可以让普通百姓得到实惠，节约生活中的电费或燃气费。随着人们的节能环保意识的逐渐增强，节能建筑在中国得到大力推广及应用。

# 第三节 绿色经济发展模式的产业形式

21 世纪的产业经济正由以物质经济为主的经济发展模式，向以智力经济为主的经济发展模式转换。因而，产业经济发展的重心从物质生产部门向非物质生产部门转移，使脑力劳动、信息与知识产业在现代经济活动中日益占据主导地位；以信息经济为代表的知识经济兴起，使信息技术产业在产业经济发展中起主导作用，并成为整个国民经济快速、持续、稳定发展的基础。产业经济发展的巨大变革归根到底是产业结构的绿色化，即产业结构的知识化与生态化，及其相互协调与融合发展，这是 21 世纪世界产业革命及其产业调整浪潮的实质与方向。

## 一、产业结构绿化与绿色产业崛起

现代科学技术革命不仅出现了信息化的新趋势，而且还出现了生态化的新趋势；不仅越来越朝着实现国民经济知识化的方向发展，而且越来越朝着国民经济生态化的方向发展。产业结构调整转换与优化升级的过程，实质上是产业知识化和知识产业化，以及产业生态化与生态产业化的相互协调、融合发展的过程。

所谓产业结构绿化，是指在社会生产与再生产过程中投入资源能源少，各种资源利用率高，产出的产品或服务多，废物最少，污染最轻，甚至无环境污染与生态破坏，使产业经济发展建立在生态环境良性循环的基础上。因此，产业结构绿化是组织生态化的物质生产和知识生产过程或服务过程，使整个社会生产技术工艺过程和经营管理过程生态化，变社会生产或服务过程为自然生态过程或纳入自然生态过程，即社会生产、分配、流通、消费和再生产各个环节生态化的过程，这是 21 世纪产业经济发展和产业结构演变的总趋势，是历史趋势，也是现实追求目标。在社会生产与再生产过程中，各类产业的产品或服务在生产与消费过程中对生态环境和人体健康的负效应最小化乃至无害化，实现生态经济协调与可持续发展，为此必须实现环境保护与生态建设的产业化，即生态环境发展的产业经济化。因此，产业结构绿化的本质是产业经济的生态化与生态的产业经济一体化，是生态环境已从经济发展的外在因素转化为经济发展的内在因素，并在21世纪产业结构转型升级中的基础作用越来越强。

绿色崛起，产业先行。绿色崛起需要绿色产业崛起。所谓绿色产业崛起，人们的理解是以产业结构生态化为前提，以最小的环境代价和最合理的资源消耗获得最大的社会经济效益，实现社会效益、经济效益和生态效益的有机统一。绿色产业是把绿色理念贯穿到社会生产过程中，既对传统产业加以改造，又发展零污染或低污染的产业。也就是说，绿色产业既可能覆盖所有战略性新兴产业，又可能仅仅是节能环保产业，本质是产业结构调整和转型升级，这不仅顺应了国际潮流，而且还可缓解资源环境的约束。目前，我国绿色产业发展面临内外双重压力，既面临绿色产业规模小、技术含量低、产业结构不合理的内部因素，又面临国际激烈竞争和"走出去"的中国企业履行国际社会责任能力有待提高的外部压力。正因为如此，"绿色化"就是用较小的资源环境代价，支撑经济社会的可持续发展。通过生产绿色化带动绿色产业，推动生产方式绿色化，就是要构建科技含量高、资源消耗低、环境污染少的产业结构，形成符合生态文明要求的产业体系。该体系应该包括两个方面，其一是生态产业（或称为绿色产业），即完全基于生态市场与再生产所形成的生态产业；其二是传统的第一、第二、第三产业和现代知识产业的绿色化，用生态化改造全部产业经济及其整个国民经济，构建低碳、高效、包容的绿色产业体系。

## 二、用生态化改造第一产业，构建绿色农业产业模式

绿色农业是指充分运用先进科学技术、先进工业装备和先进管理理念，以促进农产品安全、生态安全、资源安全和提高农业综合经济效益的协调统一为目标，以倡导农产品标准化为手段，推动人类社会和经济全面、协调、可持续发展的农业发展模式。绿色农业就是要在改善生态环境的前提下，使粮食和食品生产的全过程实现三个零，即零公害、零污染、零废弃物，形成农业经济的良性循环。

构建绿色农业体系，就是要大力推动农业生产资源利用节约化、生产过程清洁化、废物处理资源化和无害化，以及产业链条循环化，促进农业生产方式转变。大力发展生态农业，扩大无公害农产品、绿色食品和有机食品生产基地规模，也就是要大幅度提高绿色、有机、生态农业的比重。

发展节约集约型农业。推广节水农业技术，治理水土流失。发展农作物间作套种技术模式，提高复种指数，大力推进中低产田改造、土地整治和高标准基本农田建设，节约集约用地，转变经济发展方式。立体种养的节地、节水、节能模式就是节约集约型农业发展模式，该模式的特点就是集约、高效、持续、环保。

推行农业清洁生产。加强农产品产地污染的源头预防，控制城市和工业"三废"污染，加强对重金属污染的监管，加强农业投入品（如化肥、农药、农膜和饲料添加剂等）的监管。加强农业废弃物综合利用，推动秸秆、废旧农膜、畜禽粪污、林业"三剩物"等废弃物的高值化利用，因地制宜发展农村沼气工程。加快推进农业生产过程清洁化，推广节肥节药技术，推广绿色植保技术，发展畜禽清洁养殖，推进水产健康养殖，加快建立农业清洁生产的技术体系。

鼓励延伸农业产业链。所谓农业产业链就是按照现代化大生产的要求，在纵向上实行产销一体化，将农业生产资料供应，农产品生产、加工、储运和销售等环节链接成一个有机整体，并对其中的人、财、物、信息、技术等要素的流动进行组织、协调和控制，以期获得农产品价值增值。延伸农业产业链，必须大力推广农业循环经济模式（如养殖食物链型模式和立体水面混养模式），形成农业、林业、畜牧业、渔业多产业共生、三次产业联动发展、农工社产业复合发展的循环经济产业体系。

# 三、用生态化改造第二产业，构建绿色工业产业模式

在第二产业的生态化改造中，大力推动战略性新兴产业，以及节能环保、可再生能源、再制造、资源回收利用等绿色新兴产业的发展，坚持绿色生产，丰富绿色产品，打造绿色工业品牌。构建绿色工业体系，就是要在工业领域全面推行"源头减量、过程控制、纵向延伸、横向耦合、末端再生"的绿色生产方式，从原料—生产过程—产品加废弃物的线性生产方式，转变为原料—生产过程—产品加原料的循环生产方式。

加快对传统工业实施生态化改造，逐步淘汰不符合低碳发展理念、高耗能、高污染、

低效益的产业、技术和产能。在生产过程中，大力推行生产设计，推行清洁生产，加强工业污染防治。大力推进重点行业清洁生产和结构优化，减少大气污染排放。强化重点行业节能减排和节水技术改造，提高工业集约用地水平。大力推行大气污染防治工业清洁生产技术方案，在钢铁、建材、石化、化工、有色等重点行业推广先进适用的清洁生产技术，大幅度削减二氧化硫、氮氧化物、烟粉尘和挥发性有机物，从源头上解决污染排放问题。

突出循环发展，推进工业资源循环利用，积极打造循环经济产业链。推进工业"三废"综合利用，指导企业开展冶炼废渣、化工碱渣、尾矿等工业废渣的资源化利用，提高综合利用率。积极落实资源综合利用税收优惠政策，推动建立减量化、再利用、再循环的资源综合利用型企业。

实行生产责任延伸制度，该制度强调生产者的主导作用。在一些重点行业实行生产责任延伸制度，提高生产者对产品的整个生命周期，特别是对产品的包装物和消费后废弃的产品进行回收和再生利用。

## 四、用生态化改造第三产业，构建绿色服务业产业模式

现代服务业需要绿色农业、绿色工业作为载体，绿色产业需要绿色服务业的支撑，有了绿色服务业，绿色产业才可以得到更好发展。

加快传统产业生态转型，构建绿色服务业产业体系。大力提升服务业发展水平，大力发展金融、电子商务、文化、健康和养老等低消耗低污染的服务业，推进零售批发、物流、餐饮、住宿和旅游等行业服务主体生态化、服务过程清洁化，以及消费模式绿色化。加快发展第三产业，全力构建绿色服务业产业链。

加快发展绿色物流，开展零售业等流通领域的节能减排行动。优化运输结构，发展多式联运。发展高效节约型现代物流业，合理布局物流节点空间，整合物流资源；发展资源再生利用产业和大型废弃物回收产业。开展废弃物管理、交易和再生利用工作，建立工业固体废物系统、社区垃圾收集系统的信息交流渠道，推进资源综合回收利用系统的建立。

加快发展绿色旅游。绿色旅游提倡尊重自然环境，强调对自然环境的保护，要求旅游者约束自己的行为，以保护自然环境。发展生态旅游业，进一步优化旅游产业区域布

局。加强旅游生态环境建设，开发适宜的旅游产品，提升旅游产业的竞争力。推进餐饮住宿业绿色发展，实施绿色设计、绿色采购、节能降耗、固体废弃物资源化利用，引领绿色消费。

着力发展绿色金融服务业。积极开展金融创新，加大对环保产业的支持力度。建立银行绿色评级制度，将绿色信贷成效作为对银行机构进行监管和绩效评价的要素。建立银行绿色核算体系，将生态因素纳入金融业的核算和决策体系中。支持民间资本进入污水、垃圾处理等市政公用事业建设。鼓励信用担保机构加大对资质好、管理规范的环保服务企业的融资担保力度。

# 五、加快发展绿色知识产业，构建绿色信息产业模式

传统的工业经济主要是依靠自然资源、人力和设备投入为主的经济，现代经济形态已由传统的工业经济转向现代知识经济，即进入以信息、知识和技术为主的经济形态。以信息经济为代表的知识经济兴起，必然引起产业经济发展所需劳动者由大众劳动型向精英劳动型的转变。技术密集型产业将逐步取代资源、劳动密集型产业，第一、第二产业的工人所占比重不断下降，而从事研究、技术开发、管理、信息咨询等新兴的第三产业、知识产业和生态产业的工人所占比重越来越大，这必然导致世界范围内产业经济结构调整与产业转型升级。

当今世界，信息技术革命日新月异，信息产业已成为国民经济的基础产业、支柱产业、先导产业和战略性产业，信息产业是高技术、高效益、高增值型产业，是知识密集和技术密集型产业。目前，发达国家信息产业的产值已超过其国内生产总值的一半，全世界信息产业年平均增长率超过整个经济增长率的一倍。随着国民经济和社会信息化进程的加快，我国信息产业进入了持续快速发展的新时期。

信息产业作为一个新兴的产业部门，自身也在寻找低成本、高效益的发展道路，构建绿色信息产业模式。

第一，加快促进工业化经济向信息型知识经济转变。知识经济源于20世纪80年代兴起的高科技革命，而信息技术是高科技的核心。因此，一方面必须以高于国民经济增长的速度，发展以信息技术为核心的高新技术产业，使得该产业在国内生产总值中所占比例不断提高。另一方面，加速利用信息技术对传统产业的改造，加快经济结构重组与

调整步伐。

第二，信息产业加快朝着节能和高效的方向转型的步伐。加强技术创新，努力降低电子产品在研究开发、生产制造和营销流通等环节的能耗，逐步淘汰落后的工艺装置和技术设备；发展电子信息产品使用过程中有害物质排放的控制技术，提高废旧电子产品回收效率，减少处理过程中的二次污染；严格控制洋电子垃圾的涌入，发布禁止进口污染环境的电子垃圾目录，进一步增大监督执法力度。

信息技术和信息产业的迅猛发展，极大地影响了经济的增长方式和结构。随着"宽带中国"战略实施方案的正式提出，我国相继颁布关于促进信息、发展信息产业的政策，推动信息产业的健康发展。为此，需要重视以下工作：①重视基础研究，全方位开展信息技术研究与开发活动；②制定明确的信息发展战略，确保信息产业在国民经济中的主导地位；③注重信息技术的商品化和产业化，实现信息产业对传统产业结构的优化升级；④加大投资力度，重视信息科技人才的培养。

# 第四节 绿色经济发展模式的体系与机制

## 一、构建驱动绿色经济发展的科技创新机制

绿色经济发展模式是对传统经济发展模式的变革或创新，这种创新涉及技术、制度、文化等多个维度。尽管如此，绿色技术创新在驱动绿色经济发展中具有先导性作用，绿色技术创新是绿色经济发展的关键。

### （一）绿色经济发展依靠绿色科技创新

#### 1.坚定不移地贯彻创新驱动发展战略

绿色创新是一种系统性创新，其内涵不仅包括绿色技术创新，还包括生产工艺、产品、服务、商业模式，以及相关的制度和政策创新。绿色技术创新是在经济和环境协调

发展基础上的创新活动，它与普通的技术创新相比负载着更高的生态和经济的价值追求。绿色工艺技术创新是绿色技术创新的关键所在，绿色设备技术创新是绿色技术创新的重要环节，绿色产品创新是绿色技术创新的最终体现。

必须依靠科技创新，才能有力推动产业向价值链中高端跃进，提升经济的整体质量；才能更多培育面向全球的竞争新优势，使我国发展的空间更加广阔；才能有效克服资源环境制约，增强发展的可持续性。我国已经到了必须更多依靠科技创新引领、支撑经济发展和社会进步的新阶段。实施创新驱动发展战略，最根本的是要增强自主创新能力，最紧迫的是要破除体制机制障碍，最大限度地激发科技作为第一生产力所蕴含的巨大潜能。因此，必须坚定不移地走中国特色自主创新道路，坚持自主创新引领未来的方针，加快创新型国家建设的步伐。

### 2.草根创新与大众创新是绿色经济发展新动力

李克强总理在第八届夏季达沃斯论坛开幕式上的讲话强调，要借改革创新的东风，推动中国经济科学发展，在960万平方千米土地上掀起大众创新、草根创业的新浪潮，形成万众创新、人人创新的新态势。此后，他在首届世界互联网大会、国务院常务会议和各种场合中频频阐释这一关键词。每到一地考察，他几乎都要与当地年轻的"创客"会面，他希望激发民族的创业精神和创新基因。

推进大众创业、万众创新，是发展的动力之源，也是富民之道、公平之计、强国之策，是激发全社会创新潜能和创业活动的有效途径。中国经济增长的潜力远没有发挥出来，绿色经济发展可以成为经济增长的新动力，但必须依靠绿色科技创新。绿色科技创新是破解我国严峻资源环境危机的必然要求，能够为绿色经济发展提供新的经济增长动力。绿色科技创新在注重经济增长的同时，还关注节约资源和保护生态环境，关注社会进步和人的生存与发展。

万众创新、大众创新是新时期科技创新的新模式，由于其积极地融入了互联网经济，因此中国在知识和技术的扩散与共享能力方面取得了巨大进步。伴随着信息和通信技术的日新月异，创新不再是高知识积累的群体才能完成的工作，而是走进了大众创新的时代。所谓大众创新，相当于以往所说的人民群众的伟大创造，用网络语言来说就是草根创新。

大众创新的特点：一是正在从精英转向大众，其内容包括年轻的大学生开始创业，出国留学回来的创业人员，企业的高管和连续创业者，在大学和研究所里从事科技的科研人员创业，关注来自民间和个人等草根组织的创新，特别是让广大人民群众参与创新过程，是提高企业创新效率的关键。二是以生产者为中心的创新模式正在向以用户为中心的创新模式转变，创新正在经历从市场范式向服务范式转变的过程。

中国草根创新、大众创业的潜力巨大，但远远没有发挥出来，究其原因主要在于如下方面。第一，体制因素阻碍中国本土创新发展。例如，金融机构缺乏对创新企业的支持，一些年轻人的创新兴趣和热情不高，更多人热衷于寻找安全稳定的铁饭碗，大学生当公务员的热情远高于从事实业的热情。第二，制度环境阻碍了创业创新的发展。有些地方优惠政策不兑现，如手续繁杂；有些地方政策不够公允，如本地企业在批地、贷款、税费等方面的待遇不如外来企业。因此，亟须出台一系列配套措施，将好的政策落实到位，为创业创新营造良好的发展环境。

推进大众创业、万众创新，需要政府"扶上马、送一程"，要转变政府职能角色，变管理型为服务型，为市场竞争提供一个良好的机制和体制，使草根创新蔚然成风、遍地开花。另外，还要实施积极的创新人才引进政策，特别是要引进具有国际视野和能力的领军人才，发挥其在创业创新中的重要作用。第一，通过简政放权转变职能，把该放的放到位，把该管的管到位，用政府权力的减法换取市场活力的乘法。第二，通过搭建平台，做好服务，营造良好的创业创新生态环境，要建立创业政策的集中发布平台，完善专业化、网络化的服务体系，加强中小企业公共服务平台的建设，为创业失败者再创业建立必要的指导和援助机制。同时，还要加强创业服务体系的建设。第三，要通过开放资源、创造机会，为创业创新发展提供保障。要推动政府掌握的大量数据资源的开放，为创业者提供数据资源。同时，还要建立重大科技基础设施、大型科技仪器和专利信息向社会开放的长效机制，为创业者提供更多的便利条件。

## （二）绿色科技创新需要制度保障

### 1.建立健全有效的绿色科技体制

有效的科技体制是以企业为主体、以市场为导向，实行产学研相结合，其中最重要的是以企业为主体。目前，我国科技人、财、物大量集中在研究机构和大学里，而作为科技体制的主体——企业的创新动力和创新能力不足。我国以企业为主体的科技体制难以形成，究其原因有以下几点。

第一，思想观念存在问题。大多数人认为，科技创新是研究人员和科学家的事，企业在理念上还难以把创新放在突出的地位。尽管近年来企业开始重视创新，但与发达国家的企业相比，还有很多的差距。

第二，企业自身的技术创新能力很弱，三分之二以上的大中型企业没有建立技术开发机构。

第三，体制政策方面存在一定的局限。有利于企业自主创新的技术进步机制尚未形成，企业缺少不断创新的动力和压力，科技人员开发创新的积极性没有充分发挥出来。

第四，有利于企业创新的外部环境不理想，如知识产权的保护还不完善、创新融资难、创新的协同环境差等。

中国经济的每次发展进步，靠的都是创新。创新不单是技术创新，更包括体制机制创新、管理创新和模式创新。中国的改革开放本身就是规模宏大的创新行动，创新发展的巨大潜能仍然蕴藏在体制改革之中。

### 2.完善绿色科技创新的激励机制

（1）建立政府主导的外部推进和激励机制

政府要理出"责任清单"，建立诚信经营、公平竞争的市场环境，激发企业动力，鼓励创新创造。政府应在税收、融资、信贷和政府采购等方面，对绿色科技创新实行优惠政策，降低企业进行绿色科技创新的成本。政府应通过计划、市场和立法等手段，让企业在利用环境资源时付出相应的环境代价。对于污染环境较严重的企业，可提高对其排污收费标准，提高其处理污染物的代价，增加其生产成本，从而促使其改变生产工艺和产品结构，进行绿色技术创新。政府还可以通过直接购买企业开发的绿色科技产品，来促进企业绿色科技创新的顺利实现。

（2）建立健全绿色科技创新的市场导向机制

大众创业、万众创新是一种经济行为，主要靠市场发挥作用。一方面，政府要积极引导、大力支持创新创业。另一方面，要为创新创业搭建平台，如提供工作空间、网络空间、交流空间等。

首先，建立产权明晰的现代企业制度。明晰的产权使企业真正成为绿色科技创新的决策者、投资者和风险承担者，同时也是利益的获得者，让企业成为绿色技术创新的主体，使绿色创新作为一个内生因素，根植于企业绿色经济发展模式之中。

其次，积极推进多种形式的产学研联合。完善的生产制度需要协同创新和共享平台，加强产学研联合创新，有利于企业运用市场机制集聚创新资源，降低企业的研发成本，提高产品的质量和效益，提升产业核心竞争力。北京碧水源科技股份有限公司就是"产学研用"联合模式创新的典型案例。碧水源联合浙江大学建立的"浙江大学-碧水源膜与水处理技术研发中心",通过采用产学研用相结合、联盟优势整合,以及国际合作多种创新模式,集聚多方面的创新优势,解决"水脏、水少、水不安全"的水环境问题。

最后,形成要素价格倒逼创新机制。运用主要由市场决定要素价格的机制,促使企业从过去依靠过度消耗资源能源、低性能低成本竞争,向依靠创新、实施差别化竞争转变;加快推进资源税改革,逐步将资源税扩展到占用各种自然生态空间,推进环境保护费改税。

### 3.建立绿色科技创新投融资机制和搭建绿色产业化平台

以体制创新推动科技创新,包括科技成果使用处置和收益管理改革,扩大股权和分红激励政策实施范围;保护知识产权、打击侵权行为。鼓励企业增加创新收入、大力发展众创空间,建立公开、统一的国家科技管理平台。

（1）建立绿色科技创新投融资机制,推动绿色关键技术的研发

广泛吸纳社会力量参与绿色科技的研发,促进形成政府、企业、社会多元化、多渠道的绿色科技投入格局。

第一,加大公共财政的投入,减轻企业开展绿色技术创新的资金压力。采用信贷、税收和补贴等手段,鼓励和吸引企业投资绿色技术和产品的研发和推广。建议在国家科技计划中增加绿色技术创新项目经费比例,可以增设"中国绿色创新计划项目",用于资助企业、高校、科研院所及创新联盟开展绿色技术研究,并在一些重点前瞻性的研究领域加大资助力度。

第二,增设"绿色技术示范项目",联合相关部委,开展有可能具有较高的环境和商业潜力,但尚未经过实际检验的绿色技术的示范。例如,万科首个绿色技术示范项目——万科尚玲珑、杭州现代茶园绿色防控技术示范项目、公共机构绿色节能关键技术研究与示范项目、云南楚雄生态优质烟叶生产技术开发与示范研究项目等。

第三,增设"绿色技术产业化项目",促进具有巨大节能减排和商业潜力的成熟绿色技术的产业化。例如,"轮胎全生命周期绿色制造关键技术与装备研发及产业化"项目,该项目根据轮胎生产和使用方面存在的"三高一低"（高能耗、高排放、高污染、低附加值）问题,以轮胎原材料生产、轮胎制造、旧轮胎翻修为主线,提出一套从工艺、技术、装备到管理的轮胎绿色制造综合优化方案,实现轮胎生产及使用各阶段减少环境影响、降低能量消耗、提高资源利用率。通过该项目的实施,形成了长期稳定的以企业

为主体、以高校为基础、以轮胎产业循环经济产业链为目标的产学研合作模式。

第四，设立绿色创新专项补助资金，该专项资金采取基金、"借转补"、财政金融产品和事后奖补等多种投入方式，吸引金融和社会资本跟进，发挥财政资金放大效应。对于开展绿色技术创新并取得经验证的创新成果的企业给予补贴，降低企业进行绿色技术创新的成本。

（2）创建绿色技术创新成果产业化平台和市场服务体系

绿色技术创新需要不断完善创新企业的孵化器平台，注重企业研发创新。政府可以整合信息、技术和人才力量，为普通企业向绿色企业转型，以及为企业进行"绿色"投资提供信息咨询、技术服务、人才中介和风险投资等服务，成为绿色科技创新的示范中心和培育基地。推动企业实施信息化改造，着力构建以企业为主体、以市场为导向、实行产学研相结合的技术创新体系，提升创新驱动绿色经济发展水平。实施技术创新孵化器平台建设推进工程，支持企业建设技术研发平台，推动重点工程实验室和技术中心建设。

**4.完善绿色科技创新和成果转化机制**

目前，我国科技成果与市场需求脱节问题比较严重，突出问题表现在：科技规划立法滞后不够配套；符合市场经济要求的科技立项、科研考核评价制度较欠缺；现有制度体制难以激发科研成果转化动力，难以把发明转化为实业、产品及产业；政府对科技成果转化的支持有待改进。

因此，必须创新体制机制，促进科技成果转化。

第一，修订、完善有关绿色科技成果转化的制度，推动绿色科技成果的转化进入规范化轨道。通过健全立法，可以赋予科研院校依法对科研成果享有支配权、处置权和收益权；重构科研成果立项、考核评价制度，落实产权独立；完善专利资助制度等问题。

第二，转变和优化政府及相关部门的职能作用。政府应当作为科技成果转化的战略规划者、方向引领者、科技成果研究与转化的环境缔造者、服务的提供者。政府需要改进科技管理体制和运行机制，改进政府的支持方式，在成果转化的过程中，减少直接给予项目资金的方法，而改为贴息贷款、融资担保和风险投资等支持。强化政府在产学研合作中的服务功能，开辟多样化的投融资渠道等。

第三，处理好研发创新与转化的关系。目前，在科技成果转化方面，企业做得相对好一些，而高校、科研机构还有很大的提升空间。作为政府，要发挥好"有形之手"的作用，千方百计地打通科技和经济转化的通道，让一切劳动、知识、技术、管理和资本的活力竞相迸发、成果充分显现，彻底解决科技投入与成果产出不相称的矛盾。因此，可在高校、院所建立成果推广机构，探索政府引导、市场化运作的成果推广模式。同时，完善促进科技成果在工业企业和广大农村推广应用的激励机制和服务体系。

# 二、构建绿色经济发展模式的政策支撑体系

在我国绿色发展的现有政策研究基础上，围绕可持续发展战略和绿色经济发展战略的总体目标和要求，构建我国绿色经济发展政策保障体系，以保障绿色经济发展及绿色经济创新与转型。

## （一）建立绿色经济发展的制度保障体系

### 1.制度环境

在市场经济中，充分尊重市场在资源配置中的决定作用，政府不能过多地干预市场的运行。市场经济的重要特征是利用价格机制配置资源，价格体系能否真正反映出资源的稀缺性，取决于利用资源的社会成本是否包含在价格之中。市场经济的各种资源总是从效率较低的领域流向效率较高的领域，经济活动中导致的负面影响并未纳入市场价格体系。建立绿色经济发展的市场机制，必须把污染导致的损失纳入生产和服务的成本之中，必须利用价格机制来反映资源的稀缺性。也就是要建立反映市场供求关系、资源稀缺程度、环境损害成本的价格机制，从而达到利用市场价格机制来控制污染、保护环境的目的。

绿色经济发展的市场机制是对资源价格和生产方式的成本与效益关系的调节作用，来实现人与自然的和谐。随着自然资源的过度利用，自然资源会逐渐变得稀缺，在市场机制的作用下，其价格会不断提高，它会使人们由过去掠夺式利用自然资源转变为对其进行保护和合理利用的生产方式中来。由于资源性产品整体价格偏低，没有真实地反映出市场的供求关系，由此产生了大量的资源浪费和环境污染问题。在市场机制的作用下，生态环境成本会逐渐反映在社会和企业的生产成本中，使社会和企业的生产成本不断提高，企业的效益不断降低，即生态环境被污染和破坏后，为得到一定量符合生产和生活要求的自然资源，就必须付出越来越大的成本。

### 2.环境经济政策

环境经济政策主要有两大类。第一类是国家通过经济的利益来进行引导、调控和激励的政策。例如，新能源、新材料等行业和产品代表未来的发展方向，对环境保护有利，但成本较高，国家可通过补贴等形式促进其发展，以逐渐替代原来的行业和产品。此外，还有减免税费政策、绿色信贷政策等，都是正面激励型的环境经济政策。第二类主要是环境产权制度改革。例如，一个流域有一定的水量，水的功能首先是保障人们的基本生活所需，其次也可以承纳一定的污染物排放，只要排放控制在一定范围内，水体是可以净化这些污染的。现在，这种承纳污染物的空间和能力越来越稀缺，它就成了一种稀缺资源，如何使它的效益最大化，只有通过产权制度改革、依靠市场，才能得到答案。

因此，发展绿色经济，需要建立以市场机制为基础的经济激励制度。中国生态环境部门与有关部门合作，应积极开展环境保护税、绿色信贷、绿色保险、绿色证券、排污权交易、生态补偿，以及绿色贸易政策等各项环境经济政策的研究。

## （二）建立绿色经济发展的政策保障体系

### 1.加快绿色经济发展重点领域的政策保障体系建设

（1）水资源绿色发展政策体系

水资源的可持续利用、永续利用，是我国实现绿色发展的关键。我国未来水资源的发展目标，将治水目标全面、系统纳入国家和部门的发展战略、规划和政策。继续推进水价改革，完善水价形成机制，建立多元化的水资源与环境保护投融资机制。

第一，制定合理的水价政策体系。长期以来，我国水价严重脱离价值规律，这不仅造成水资源的浪费，而且使水利资金捉襟见肘。为此，根据不同的产业和用途合理确定水价，建立用水和超额累进收费制度，逐步实行分质供水、优质优价，使水价体现国家水利产业政策并得到合理的成本补偿，建立起与社会主义市场经济相适应的水价机制。

第二，建立健全以取水许可证为基础的国家水权制度。在完善总量控制和定额管理相结合的用水制度和取水许可证制度的基础之上，逐步明晰取水许可总量，建立健全以取水许可为基础的国家水权制度。合理确定水价，充分发挥水价对用水的调节作用。

第三，建立水资源统一管理体制。加强对水资源的统一管理，要尽快理顺水资源的流域管理体制，加强水资源的流域管理，协调好江河上下游、左右岸的关系，促进流域经济的协调发展。建立水资源统一管理体制是保障水资源可持续利用的基础。从水资源的开发、利用、保护和管理等各个环节，采取综合有效的对策措施，实现永续利用。

（2）低碳能源政策体系

第一，转变能源消费结构，提高能源使用效率。积极转变能源消费结构，促进其转向以清洁能源为主的能源消费结构，大幅度削减煤炭的使用量；适当进口或输入天然气，以天然气取代煤炭，大幅度提高天然气的使用率和普及率；采用清洁煤技术，大力发展高附加值的环保技术，减少煤炭消费和二氧化碳排放；提高能源使用效率；鼓励使用生物能源、太阳能、风能、地热能和潮汐能等。

第二，完善油气价格形成机制。从能源供给角度促进绿色发展，大力发展非化石能源，加强化石能源的绿色集约开发和转化利用。从能源需求的角度，有效抑制能源需求，节约能源。从能源价格的角度，加快能源资源价格市场化改革，理顺能源资源及产品价格，深入推进煤炭价格市场化进程及全成本定价，加快电力价格机制改革，完善油气价格形成机制。

（3）绿色制造业政策体系

我国是制造大国，但长期粗放式发展及落后的生产现状，使得制造业在创造经济财富的同时，造成了严重的资源浪费和环境影响。走可持续发展之路，制造业的转型势在必行。

第一，推动传统产业改造升级，主要包括推进重点产业结构调整，提升重点产业技术水平，加大淘汰落后产能力度，压缩和疏导过剩产能。引导传统行业企业调整升级，加强企业技术改造。

第二，建立以产品生命周期为循环过程的产业链体系。绿色制造是减少产品全生命周期环境影响，提高资源利用率的关键技术，是实施制造业可持续发展的必由之路。

（4）绿色低碳建筑政策体系

我国将通过加强相关政策激励、标准规范、技术进步、产业支撑和认证评估等方面能力建设，实现绿色建筑的快速发展。财政部与住房和城乡建设部曾联合发文，宣布将通过政府财政补贴等方式，全面提速中国绿色建筑发展。

第一，加快推进低碳公共建筑示范点，大力发展低碳住宅。

第二，加大政府支持力度。例如，建设示范工程，在规划、税收等方面给予优惠支持，对一些低碳的技术和材料给予扶持，以此刺激企业身体力行。

第三，制定促进低碳建筑的优惠政策，调动各方参与的积极性，形成鼓励发展低碳节能建筑的财税政策体系。例如，青海建立绿色建筑财政奖励机制，构建星级绿色建筑评价标识体系，对取得星级绿色建筑的建设项目，城市配套采用先征后返的政策，最高返还比例可达 70%。这一财政奖励机制推动了建筑行业向高级低碳生态型发展模式的转变。

第四，加快建立完善我国绿色建筑评价标识制度。陕西省政府率先推进绿色建筑强制性标识制度，企业探索和尝试"绿色建筑"、市民购买"绿色建筑"都可享受到财政补贴。同时，加大对既有居住建筑供热计量及节能改造力度，加强国家机关办公建筑和大型公共建筑节能监管，完善相关应用技术标准，推进建筑垃圾资源化利用和住宅产业化，加强中国绿色建筑综合能力建设。

（5）绿色低碳交通政策保障体系

第一，绿色低碳交通政策。调整交通结构，优先发展公共交通、轨道交通，制定居民交通需求导向性政策和土地利用政策，国家应给予以地铁、轻轨为主的轨道交通系统一定比例的补贴，轨道交通必须与常规公交、出租车、私人交通等各种交通方式合理接轨与换乘，实现交通的一体化。通过财政补贴和税费优惠等政策，大力支持相关企业研发生产混合燃料汽车、电动汽车、氢气动力车、生物乙醇燃料汽车和太阳能汽车等绿色低碳交通工具。通过颁布税收抵免、财政补助等优惠政策，鼓励消费者购买绿色低碳交通工具，同时可以对传统汽车征收碳税，并提取一定比例作为绿色低碳交通工具的产业发展基金，支持建设必要的配套设施，如充电站、制氢厂、加氢站，以及氢气运输管道等。完善相关交通能耗规范、制度和标准体系，适时推出不同阶段的交通工具燃油经济性标准，建立和完善车辆准入与退出机制，建立健全有关交通节能减排方面的统计指标体系，实行车辆燃料消耗动态监测管理，完善交通运输能源消耗和污染物排放的统计报告和分析制度。通过实施清洁燃料政策和严格排放标准政策，加强交通运输环境污染的预防、监控和紧急救援工作。

第二，交通新技术保障。交通新技术保障包括新型交通方式的使用、绿色能源的开发、智能交通系统的应用和交通污染治理技术的提高。健全绿色交通法规与技术保障体系，提升科技支撑能力，深入实施科技强交战略，把握物联网、新能源、节能减排等领域的科技发展方向，围绕共性和关键技术，统筹推进重大科技研发、成果推广应用，加快建设创新型交通运输行业。

第三，个人交通控制（汽车拥有或使用控制）政策。随着人们生活水平的提高，我国的汽车保有量逐渐递增，汽车尾气排放是造成环境污染的一大方面。在当前情况下，政府可对汽车的使用进行适当控制，加大科研投入力度，争取早日普及清洁能源汽车，实现交通的环保化。自行车是中短途出行最好的交通工具，市民出行可适当选择这种绿色的出行方式，为生态文明建设贡献力量。

### 2.加快构建绿色财政政策支持体系

在传统的经济发展模式和政策框架下，财政政策只重视经济建设，而不重视环境保护；在绿色经济时代和新的政策框架下，财政政策既要推动经济发展，又要强调环境保护。有什么样的经济形态，就有什么样的财政形态，经济形态决定财政形态。发展绿色经济需要财政的支持，人们必须将财政与绿色发展有机地结合起来。绿色经济发展呼唤绿色财政，绿色财政是相对于"黑色财政"而言的。绿色财政强调的就是从"黑色财政"向"绿色财政"的转型，以解决公共财政对生态环境保护缺位的问题，用公共财政来购买全国性生态公共产品，对大江、大河、大湖、大海进行环保治理。

因此，绿色财政是指国家在调节经济、争取经济适度增长的同时，注重自然生态平衡，合理配置自然资源与人力资源，维护社会长远利益及长久发展，对社会产品进行分配与再分配的活动。绿色财政反映了人与自然之间的和谐关系，具体表现在：绿色财政将财政收入分配活动的目的延伸到经济发展以外，既注重经济发展，又注重环境保护；其分配不再局限于本国经济的发展，以促进全球经济发展为目标；绿色财政分配放眼未来，注重人类长远利益。作为国家宏观调控政策之一，绿色财政就是为了保护环境，合理开发利用资源，推进清洁生产和绿色消费而建设的财政税收体系和其他政策工具。政府在宏观规划、发展经济、做大财政蛋糕中，应考虑经济效应，也要考虑环保效应；要考虑利润价值，更要考虑人文价值；要考虑眼前效应，更要考虑远景发展。绿色财政要注重公平性、持续性、共同性、系统性、协调性、均衡性和效率性。绿色财政是财政发展的一个新方向，是落实科学发展观、促进经济加快转型、实现可持续发展的一种新机制。

中国要大力发展绿色经济、低碳经济，将绿色经济、低碳经济发展理念和相关发展目标纳入相关产业发展规划中。抓紧制定促进绿色经济、低碳经济发展的财税、金融和价格等激励政策。财政部门必须创新绿色理财模式，积极推进财政政策体系建设。

### 3.加快构建绿色金融政策支持体系

绿色金融是支撑绿色产业发展和传统产业绿色改造的金融要素的综合，涵盖推动绿色发展的各种金融制度、安排及机构、市场、产品、人才和交易活动。绿色金融伴随着绿色发展而产生，为绿色发展提供动力和支撑，绿色发展为绿色金融提供方向和市场。

由生态环境部与相关金融部门联手推出的"绿色信贷""绿色保险""绿色证券"三项绿色环保政策，使绿色金融制度初具框架。在我国，绿色金融尚处于初级阶段，无论是对自身发展，还是对建设美丽中国、促进生态文明的支持，都存在诸多困难和阻碍。

完善我国的绿色金融法律制度。法律法规的支撑，是推进绿色金融健康发展的制度保障。在经济社会形势不断发展和变化的背景下，我国应适时调整、完善绿色金融法律制度，为推进绿色金融的有效实施构建坚实的制度支撑，提供充分的法律依据。第一，制定绿色政策银行法，建立绿色政策性银行。政策性银行是不以营利为目的，为实现国家的产业政策而从事金融活动的机构，专门从事环保产业专项资金的管理；第二，完善绿色融资法律制度；第三，完善绿色信贷法律制度。银行在确定贷款额度时，把环保因素加进去，即对有利于环保的借款项目给予比较优惠的利率，鼓励有利于环保的企业优先发展。通过运用贷款利率杠杆，可以从源头上解决环境污染问题。通过国家立法，确定指标，完善考核体系。

加大绿色金融的政策引导，出台绿色信贷的扶持政策，制定环保标准和环境风险评级标准，放宽绿色信贷规模控制，实施差别信贷政策，对从事绿色经济研究开发、设备投资、工艺改进等活动的民间企业，根据不同情况由政策开发银行提供不同级别的政策贷款利率。积极探索对绿色新兴产业实行低利率政策，鼓励金融业对绿色企业优先贷款和实行优惠利率，为符合上市条件的绿色企业提供上市的便利通道。

# 三、加快形成有利于绿色经济发展的体制机制

一种不利于绿色经济发展的体制机制需要不断变革、创新，使之转向更有利于节约资源、保护环境、促进绿色经济发展的制度安排。

## （一）构建加快推进绿色、低碳能源发展的制度机制

### 1.树立尊重自然、顺应自然、保护自然的能源发展理念

化石能源是人类工业文明过程中向自然攫取的重要物质之一，对化石能源的大规模、高强度的开发和利用，造成了现在化石能源的枯竭、区域污染严重、全球气候变化等问题。要实现能源的绿色、低碳发展，必须树立尊重自然、顺应自然、保护自然的生态文明理念。树立生态文明理念，否定了以过度消耗能源和资源、损害生态环境为代价

的增长方式，但顺应自然不是被动地服从，而是要认识、尊重其发展规律。发展绿色经济，就是要以资源环境承载力为基础，以自然规律为准则，以可持续发展为目标，打造资源节约型、环境友好型社会，积极推进能源生产和能源消费方式的革命。一方面，在能源生产方面，要大力发展绿色、低碳能源，促使能源供应结构向低碳化方向发展。另一方面，在能源消费方面，要更加重视能源资源的节约，把利用化石能源资源控制在资源环境可以承受的范围之内。

2.加大绿色、低碳能源的技术投入，加强能源技术创新

新一轮科技革命要求能源的生产和消费方式发生重大变化。在这一变革时期，谁能引领能源技术向绿色、循环、低碳方向变革，谁就将成为最大的受益者。世界金融危机之后，可再生能源成为世界各国投资和创造新就业机会的热点，中国也应该加强以下方面的工作：

第一，加大能源技术的研发资金投入。例如，对勘探与开采技术、加工与转化技术、发电与配电技术、新能源技术等重点领域加大资金投入力度，以期突破一批具有国际先进水平的能源技术，抢占绿色能源、低碳能源技术的制高点。

第二，设立重大示范工程。加大对新能源汽车、工业和建筑节能清洁生产关键技术及设备的资金投入力度，加强对新能源产业化技术的示范推广。

第三，强化能源科技创新，完善能源技术创新体系。加大对核心领域能源技术投入力度，如非常规油气资源的勘探开发技术、太阳能热发电技术、先进生物燃料产业化关键技术、新一代核能技术等重点领域关键技术；加强基础性研究能力和技术创新能力的培养；加快能源科技人才培养和引进，建立长效的科技投入机制，提高能源科技创新能力。

（二）充分利用市场机制，吸引社会资本投入绿色发展

1.创新和加强政府环保投资，吸引社会资本进入生态环境保护领域

政府的主要职能是为社会经济活动提供优质、高效的服务。政府为了国民经济的协调发展或者特殊需要，只在特殊领域进行投资，发挥的是公共服务职能。第一，发挥绿色财政资金的"种子"作用。利用财政中的税收、补贴、罚款、污染收费和排污权交易等财政政策，为投资者的绿色投资营造一个有利的环境。搭建环保投融资平台，吸引银行等社会资金进入生态环境保护领域，研究建立生态环境保护基金。第二，调整信贷资

金投入结构，增加资金投放额度，引导资金投入森林、草原、河流、滩涂和湖泊的保护。创新信贷担保手段和担保方法，建立担保基金和担保机构，努力解决民营企业资金不足和民营中小企业、合作组织小额贷款抵押担保难的问题，提高民营企业、合作组织在生态环境保护与开发事业中的融资和承担风险的能力。

### 2.建立吸引社会资本投入生态环境保护的市场机制

为使市场在资源配置中起决定性作用，加快完善现代市场体系，必须切实转变政府职能，加强政府采购公共服务，推进基本公共服务均等化。吸引社会资本投入生态环境保护，制定社会资本投资于环境保护领域的产业指导目录，推行环境服务政府购买和环境污染第三方治理。环境保护领域普遍缺乏使用者付费机制，缺乏吸引社会资本投入的营利机制。基于环境保护项目特征，应创新资源组合开发模式，以资源开发项目收益弥补污染防治项目投入成本与社会资本回报要求，对使用者付费、政府付费模式进行有益补充。考虑到环境保护的公益性，避免环境保护资金统筹到其他领域，应进一步强化环境保护专项资金，以调动市场积极性为目标，采用财政资金引导、社会资本投入为主、市场运作的方式，逐步与社会资本相结合，建立国家环境保护基金。

### 3.制定政策吸引私人部门积极进行生态环保投资

民营企业利用社会资本参与生态环境保护与开发，发展高效生态农业、休闲旅游业等，应取得相应的物权或权益收益，为社会资本进入生态环境保护领域提供动力和法律保障。允许民营企业、合作组织和农民根据市场需求和产业化需要，自主选择经营内容和经营方式，调整优化产业结构。积极倡导民营企业参加各类生产性开发，形成利益连接机制，带动产业化经营发展。

## （三）建立健全有利于绿色经济发展的干部选用和考核制度

### 1.以自然资源资产负债表为依据，改革干部考核评价和任用制度

自然资源资产负债表是指财产有一个存量即消耗量，把自然资源开发出来以发展经济，但是自然资源有所减少，环境质量有所下降，生态系统有所退化，在一定限度内是可以承受的。编制自然资源的资产负债表，就是看原来有多少资源，消耗了多少资源，有没有超出极限。自然资源资产负债表远不是一张表格那么简单，它是一个综合性的项目，涉及银行、保险等领域。简单来说，所谓自然资源负债表是将某个地区的自然资源

受损程度、开发程度、破坏程度，以及破坏生态环境的责任方进行确定，由生态环境部将这张"黑榜"提供给银行、保险公司，作为当地政府、企业的征信条件之一。也就是说，在自然资源负债表中"表现"不好的企业，将有可能在今后的贷款中受到限制。

自然资源资产负债表应该是自然资源资产的状况表，表明一届政府任期内发展经济所耗用的自然资源资产、生态环境破坏程度的状况，它包含资产量、消耗量、损害程度、结余量等各种项目的综合列表。就是把自然资源资产进行量化，通过存量、消耗和结余（正或负）来衡量、考核领导干部发展经济对资源和生态环境的破坏状况或修复程度。很显然，自然资源资产负债表的提出，为发展经济指明了方向。

**2.以资源环境生态红线管控等为基线，建立生态环保问责制，进行自然资源资产离任审计和责任追究**

资源环境生态红线是各级地方政府的环保责任红线。通俗易懂的一句话就是只能更好，不能变坏。为了实现这一目标，需要守住环境质量的底线，在资源环境承载能力之内进行各类开发活动。

个别地方领导为了政绩，一味地追求 GDP 而损害了环境，当损害环境的这些领导离开这个工作岗位后，就把堪忧的环境问题留给了当地的老百姓。鉴于生态和环境保护工作具有周期长、专业性强、涉及面广等特点，所以要建立生态环境损害责任终身追究制。所谓建立生态环境损害责任终身追究制，可以理解为一任领导在任时，环境退化没有显现出来，但如果是由于他在任时的决策造成的，即使离任了也要进行问责。至于恶化到什么程度才追责，有专家认为只要超出预先的评估就应该追责，恶化程度越高，追责力度就应该越大。

为了更好地促进绿色经济发展，必须以资源环境生态红线管控等为基线，建立生态环保问责制。资源环境生态红线管控主要是从资源、环境、生态三个方面进行控制。具体还要把握"三条线"：第一条线是决定资源开发的上限；第二条线就是要严守环境质量的底线，环境质量只能更好，不能变坏；第三条线就是要划定生态保护的红线，要坚决遏制住生态环境退化的势头。只有同时控制住资源、环境、生态的红线范围，才能有效地倒逼经济内涵式发展，形成生产、生活、生态"三生"空间维持稳定的发展格局。如何追责和保障责任落实到位，必须重视以下工作重点：

第一，多元主体、多层主体的参与和问责。所谓多元主体，是指全社会各类组织及个人，包括政府、社会组织、公民等；所谓多层次主体，不仅是指行政机关，还包括立法机关、司法机关等。也就是说，建立生态环保问责制，进行生态环境损害责任终身追究制，不能仅仅针对地方政府的主要领导，对造成生态环境损害的企业和个人，也应当追究其责任，因为直接造成生态环境损害的，通常不是地方政府及其主要领导，而是相关企业和个人。同时，只有明确相关企业和个人对生态环境损害应当承担的责任，才能厘清地方政府及其主要领导的责任。只有相关主体各负其责，生态环境损害责任终身追究制才能行之有效，成为护卫生态环境的法宝。

第二，要建立问责长效机制。问责必须入法，法就是制度、规矩。从责任的角度看，不仅有法律问责，还有政治问责、行政问责，也有绩效问责等。例如，绩效不好，可以公开、通报、诫勉谈话、约谈、责令其限期整改等，这些其实都是问责的手段，但不一定是法律问责。当然，各种问责间不能发生冲突，尤其是下位法不能与上位法冲突。解决这一问题，仍然需要进一步规范问责体系，区分各种问责的功能，明确各种问责间的关系。

## （四）建立健全生态环境治理体系，奠定实现绿色发展的现实基础

生态文明是人类文明发展的历史趋势，生态文明建设的关键是建立健全生态环境治理体系，特别是把制度建设作为重中之重，发挥不同利益主体的积极性。

现代生态环境治理体系可理解为政府、市场和社会在法律规范和文化习俗基础上，依照生态系统的基本规律，运用行政、经济和社会管理的多元手段，协同保护生态环境的体制、制度体系及其互动合作过程，既强调体制、制度和机制建设，也强调治理能力、过程和效果，既重视普适的生态环境价值观，也重视特定的历史文化条件。我国现行的生态环境治理体系仍存在很多问题，政府、企业和社会共治合作格局尚未建立，生态环境统一监管体系和协调合作机制尚未形成。因此，构建生态环境治理体系，对我国的生态文明建设具有至关重要的作用。

健全生态环境治理体系，是国家治理体系的内容之一，是国家治理体系在生态环境保护领域的具体体现。当前，必须厘清各部门污染防治方面的管理职责，强化污染防治的职能整合。理顺生态环境领域的条块关系，建立独立的生态环境监管执法体系。强化环保部门的权威性，明确生态环境监管执法的法律地位。

建立陆海统筹的生态系统保护修复和污染防治区域联动机制。生态系统的整体性决定了生态保护修复和污染防治必须打破区域界限，统筹陆地与海洋保护，把海洋环境保护与陆源污染防治结合起来，控制陆源污染，提高海洋污染防治综合能力，抓好森林、

湿地、海洋等重要生态系统的保护修复，促进流域、沿海陆域和海洋生态环境保护良性互动。强化机制建设和创新，强化部门间协调联动，建立环境保护综合执法体系。统筹陆海环境执法，建立环保部门与海洋部门间的协调合作机制，就海洋环境保护联合执法监督检查、陆源入海污染行为联合执法等方面开展合作，解决陆上污水排放超标超量、海洋海岸工程建设违规等问题。加快建立健全区域协作机制，建立区域监测网络和应急响应体系，联合应对重污染天气。在水污染防治方面，促进海洋环境保护与流域污染防治有效衔接，以流域为控制单元，建立流域环境综合管理模式。

健全国有林区经营管理体制，完善集体林权制度改革。国有林区是重要的生态安全屏障和森林资源培育战略基地，在维护国家生态安全、木材安全、物种安全、粮食安全等方面具有特殊地位。推进国有林区和国有林场管理体制改革，完善森林经营和采伐管理制度，开展森林科学经营。深化集体林权制度改革，稳定林权承包关系，放活林地经营权，鼓励林权依法规范流转，鼓励荒山荒地造林和退耕还林林地林权依法流转。减免林权流转税费，有效降低流转成本。在严格保护森林资源的前提下，鼓励社会资本积极参与生态建设和保护，对社会资本利用荒山荒地进行植树造林的，在保障生态效益、符合土地用途管制要求的前提下，允许发展林下经济、森林旅游等生态产业。以国有林权制度改革试点为契机，深入实施国有森林资源管理体制改革，把着力点放在彻底解决国有森林资源所有者主体缺位、产权虚置的问题上，进一步确立国有森林资源的所有者主体，明确其权责。

# 第三章 绿色经济创新策略

## 第一节 低碳经济

低碳经济是绿色经济的表现形态，是人类文明经历由工业文明向生态文明阶段发展的一种经济形态，它一经产生和发展就显示出巨大的生态、经济和社会价值。经济要获得持续发展，就必须使能源结构合理化。从改变经济发展的能源结构角度看，发展绿色经济就是要发展低碳经济。低碳经济的产生与发展经历了一个较长的过程，它被世界各国逐步认识、达成共识并付诸实践。要通过制定低碳经济发展战略，大力发展低碳技术，倡导低碳消费等，积极应对气候变化的挑战，促进经济增长方式的转变。

## 一、低碳经济的崛起

### （一）低碳经济的产生与发展

全球气候的变化，引起人们对控制温室气体排放与发展可持续经济的空前重视。低碳经济之所以成为各国经济发展的选择，是工业文明发展到一定阶段的必然结果。

近百年来，世界各国工业化的发展进程几乎耗尽了亿万年来地球所储藏的不可再生化石能源，工业化时代所排放的二氧化碳等温室气体导致全球气候变暖，由此引起的一系列严重后果已经成为制约各国经济发展的瓶颈。按照目前世界各国经济发展的态势，如对能源消耗不加节制，地球上的石油、天然气和煤炭资源的可开采时间将所剩不多。工业化高歌猛进的结果是可再生资源消耗超过了自然界的再生能力，不可再生资源的消耗速度超过了替代资源的提供速度，从而导致一系列环境问题。工业生产中排放的二氧化碳气体，加速了全球气候变暖的速度。尽管低碳经济发展困难重重，但传统经济向低碳经济转型已成为世界各国经济发展的必然趋势。

我国是发展中国家，目前正处于高度工业化和城市化发展进程之中，资源环境与经济发展的矛盾突出。一方面，人们希望承接发达国家的产业转移，加快发展步伐。另一方面，以化石能源为基础的产业，又不可避免地带来高能耗、高污染、高排放。我国既是能源生产大国，又是能源消费大国，发展低碳经济已成为我国经济未来发展的客观要求和必然选择。

我国是世界上第一个制定应对气候变化国家方案的发展中国家，强调立足国情，大力发展绿色经济、低碳经济，把实现可持续战略纳入国民经济与社会发展规划。近年来，我国大力实施节能降耗减排工作，加大新能源和再生能源的使用，积极实行退耕还林和植树造林工作，低碳经济得到迅速发展。

## （二）低碳经济的内涵

低碳经济是一种通过发展低碳能源技术，建立低碳能源系统、低碳产业结构、低碳技术体系，倡导低碳消费方式的经济发展模式。低碳经济以低碳排放、低消耗、低污染为特征，技术创新和制度创新是低碳经济的核心。低碳经济将打造全新的生态系统，对政府行为、企业活动、民众生活产生巨大的影响。

从当前看，低碳经济是要造就低能耗、低污染的经济，减少温室气体的排放；从长远看，低碳经济是打造一个持续发展的人类社会生产方式和消费方式的重要途径。

我国发展低碳经济，从外部因素看，是为了履行与其他国家合作共同应对气候变化的长期挑战，在政治上体现崛起的发展中大国对世界应负起的责任。其他国家为了实现规定的减排目标，通过技术和市场两个手段积极发展能源新技术，广泛开展能源领域的国际合作，这种大背景也非常有利于我国利用国外先进技术推动节能减排工作。从内部因素看，可以促进技术创新，调整产业结构，形成一个新的经济增长极，使有限的能源投入能有更多的产出，转变经济增长方式，推动经济绿色发展。

通过加强能源碳排放指标控制，大力推进能源节约，加快发展非化石能源，优化利用化石能源，用低碳引领能源革命；通过加快产业结构调整，控制工业领域排放，大力发展低碳农业，增加生态系统碳汇，打造低碳产业体系；通过加强城乡低碳化建设和管理，建设低碳交通运输体系，加强废弃物资源化利用和低碳化处置，倡导低碳生活方式，来推动城镇化发展；通过实施分类指导的碳排放强度控制，推动部分区域率先达峰，建设低碳发展试点示范，支持贫困地区低碳发展，来加快区域低碳发展；通过建立全国碳排放权交易制度，启动运行全国碳排放权交易市场，强化全国碳排放权交易基础支撑能力，建设和运行全国碳排放权交易市场；通过加强气候变化基础研究，加快低碳技术研发与示范，加大低碳技术推广应用力度，来加强低碳科技创新；通过完善应对气候变化法律法规和标准体系，加强温室气体排放统计与核算，建立温室气体排放信息披露制度，完善低碳发展政策体系，加强机构和人才队伍建设，来强化基础能力支撑；通过深度参与全球气候治理，推动务实合作，加强履约工作，广泛开展国际合作。

### （三）低碳经济的评价指标

低碳经济评价指标的构建要综合考虑各方面因素，准确反映各要素权重，经过实践充分检验之后，才能形成科学合理的评价指标体系。

#### 1.低碳经济评价指标构建的原则

科学性原则。低碳经济的指标体系构建要建立在一定的理论基础之上，要以生态文明理论为基础，并能准确、客观地反映出低碳经济发展的一般规律与特征，这样才能保证指标体系的科学性与客观性。

可操作性原则。指标体系构建的主要目的是实际操作，对现实经济发展模式进行测评，因此指标体系要有可操作性，数据采集、收集要具有可行性，对于那些不易收集的数据尽可能地不将其纳入指标体系。

代表性原则。选取的指标不要面面俱到，要选取那些最能代表低碳经济发展的核心指标、反映阶段性特征的代表性指标，以此作为指标设计的依据。

可比性原则。所选指标应尽可能在时间、空间上具有可比性，可以对不同地区低碳经济进行比较研究，进行发展评价，从而为低碳经济发展提供历史性指标参照。

#### 2.低碳经济的具体指标体系

（1）低碳能源指标

低碳能源指标主要由化石能源占总能源的比例、洁净煤占煤能源的比例、可再生能源占总能源的比例三个指标构成。

（2）低碳产业指标

低碳产业指标主要由万元 GDP 碳排放量、传统产业低碳化改造率、第三产业占 GDP 的占比、高新技术产业占 GDP 的比重、绿色产业占 GDP 的比重、资源再利用率六个指标构成。

（3）低碳技术指标

低碳技术指标主要由低碳技术研发经费占 GDP 的比重、可再生能源技术的应用率、清洁煤技术利用率、污染企业废弃物利用技术状况、生活垃圾无害化利用技术状况、智能节能技术应用状况、二氧化碳捕获与处理技术状况、新能源汽车技术应用现状八个指标构成。

（4）低碳建筑指标

低碳建筑指标主要由建筑单位面积碳排放量、低碳环保建材使用率、太阳能利用率三个指标构成。

（5）低碳交通指标

低碳交通指标主要由万里行程碳排放量、私家车年行程公里数、万人拥有公交车数量、步行人数和骑自行车的人数比重、新能源汽车占比五个指标构成。

（6）低碳消费指标

低碳消费指标主要由人均年碳排放量、生态文明教育普及率、公民的低碳理念、节能家电的使用率四个指标构成。

（7）低碳社会指标

低碳社会指标主要由森林覆盖率、人均绿地面积、城市农村建成区绿地覆盖率、自然保护区占辖区面积的比率四个指标构成。

以上指标分别以不同的权重计算进去，综合计算，最后得出低碳经济综合得分，以此来评定一个国家或地区低碳经济发展的水平与阶段。

# 二、低碳经济引领发展方向

## （一）应对气候变化的挑战

全球气候变化是当今国际社会的热点话题，是人类社会面临的共同挑战。尽管各国对全球气候变化问题有不同的看法，但全球气候变化已超出了气候问题的范畴，成为一个全球性的政治问题。

人类对全球气候变化的影响主要是温室气体的排放，如发生在亚洲的污染就影响到了太平洋地区的气候状况。由于亚洲的快速工业化，耗费了大量的煤炭等化石燃料，排放到大气中的悬浮颗粒改变了云层结构，由此造成极端的天气状况，并影响到世界其他地区，科学家担心这种污染会最终影响全球气候。全球气候变化对自然生态系统带来的灾难包括冰川消融、永久冻土层融化、咸潮入侵、生态系统突变、旱涝灾害增加、极端天气频繁等。如果全球气候持续变暖，较高的温度将使冰川雪线上升、极地冰川融化、海平面升高等，一些海岸地区被海水淹没，部分地区将不再适合人类居住。全球变暖也可能影响降雨和大气环流的变化，使气候反常，易造成旱涝灾害，导致生态系统发生变化。全球气候变化不仅严重影响经济发展，而且还影响社会的和谐，种植业受其影响最大，能源业、畜牧业、渔业、旅游业、林业、采矿业、保险业等也将受到影响。

发展低碳经济，可以在保证经济社会持续发展的条件下最大限度地减少温室气体排放，即通过节能减排，在减少能源消耗量、温室气体排放量的前提下，获得更多的经济产出，从而实现低碳发展、低成本发展。发展低碳经济，是对现有能源的高效利用，尽可能做到低碳排放。可以从三方面实现能源的高效利用：一是将以煤炭为代表的能源通过技术手段，实现气化、液化；二是使用清洁能源、绿色能源，如太阳能、风能、生物质能、氢能、核能等，它们都有着巨大的市场应用空间，也是今后需要大力发展的能源，通过清洁能源的发展为低碳排放奠定雄厚的基础。三是对现有产业进行绿色化转型改造，淘汰高排放、高污染、高耗能的产业，代之以绿色生态产业，从而实现低碳型经济发展的转型。

### （二）主导国际政治格局的变化

近年来，气候问题从一个自然问题演变成政治问题、经济问题，气候变化已经成为国际政治的焦点，因此发展低碳经济将深刻地影响国际政治格局。

国际社会为了抑制全球气候变化的负面效应，采取了一系列行动，形成了全球公约，其中，《联合国气候变化框架公约》对全球的政治格局产生了重要的影响。《联合国气候变化框架公约》由联合国主持制定，是关于保护地球气候系统的公约，其核心是控制和减少由燃烧矿物燃料和其他方式产生的二氧化碳等温室气体，目标是将大气中温室气体的浓度稳定在防止气候系统受到危险的人为干扰的水平上。

我国作为碳排放量较大的国家，要承担起更多的减排责任，这既是世界各国的期待，也是我国作为负责任的大国应该履行的责任。从全球经济发展战略来看，低碳经济已经揭开了新一轮全球经济竞争的序幕，谁能够在低碳技术上领先一步，引领全球，并在此基础上率先调整产业、技术、能源、贸易等政策，谁就能占领未来绿色产业的制高点和市场先机，把科技优势转化为经济优势。我国发展低碳经济也是一个重大的机遇，抓住这个机遇，既可以解决人们自身的问题，又可以推进我国现代经济体系的建立。

### （三）促进经济增长方式的转变

大力发展低碳经济，积极调整不合理的能源结构，可以促进经济增长方式的转变。我国的经济是典型的以煤为主要能源的"高碳经济"，我国经济的可持续发展面临严重的资源制约，发展低碳经济对我国的发展意义重大。

低碳经济也是一种绿色生活方式。长期以来，一些民众认为高消费是一种时代潮流，是工业文明时代经济发展的动力，在"物质主义、享乐主义、消费主义"思想的影响下，消费更多物质财富就是幸福，能够享受更多物质财富即为成功。在现代科技的支撑下，巨量产品被源源不断地从流水线上生产出来，消费后留下巨量废弃物，这样的工业化生产、过度消费、巨量废弃的生产生活方式已经不能持续发展了。从目前世界各国的经济发展情况来看，各国的经济发展规模与速度越来越受到能源资源的制约。因此，必须大力倡导绿色低碳的消费方式，它的主要特征是以适度消费取代过度消费，以简朴生活代替奢侈浪费，消费生活从崇尚物质消费向崇尚精神文化消费转变，在适度消费过程中，以低能耗、低排放、可再生、可循环利用、清洁能源型产品为主，以此建立资源节约型、环境友好型消费模式。

通过发展低碳经济，促进技术创新，调整产业结构，使有限的能源投入能有更多的产出，实现经济由高速度向高质量发展，推动经济的持续发展。

## 三、发展低碳经济的对策

### （一）着力推进低碳产业发展

制定低碳产业发展战略是发展低碳经济的首要任务，只有制定科学的低碳产业政策，才能在低碳经济发展上迈出坚实的步伐。

#### 1.优先发展低碳农业

发展低碳农业可以从三方面着手：一是大幅度减少化肥农药的使用，降低农业生产对化石能源的依赖，走有机农业的路子。例如，以粪肥和堆肥作为化肥的替代品，提高土壤的有机质含量，改善土壤肥力。要通过秸秆还田、深耕与中耕轮作，引入蚯蚓、微生物等共同熟化土壤，增加根系营养能力。二是充分利用农业剩余能量，如利用秸秆资源作为饲料、肥料、培养料等原料，也可以利用秸秆发酵生产乙醇燃料。三是在农村推广普及太阳能和沼气技术，在规模化养殖的基础上获取生物质能。

**2.积极发展低碳工业**

提高高碳产业准入市场门槛。近年来，一些发达国家把高碳产业向发展中国家转移，如发达国家的钢铁产业、石化产业、印染产业等，这些产业转移在短期内会促进发展中国家经济的发展，但从长期来看，有可能对这些国家产生"锁定"效应，若再转出去就会对就业及经济发展产生很大的冲击。因此，在这一点上，发展中国家要坚持发展标准不降低、发展低碳经济不动摇的原则。同时，要着眼于长远，大力发展绿色产业，为绿色发展打下坚实的基础。我国制定了大力发展实体经济、先进制造业的战略，这里的先进制造业除了技术先进之外，也指低能耗、低污染、低排放的制造业。先进制造业是一个完整的体系，包括设计、制造、品牌三大环节，仅仅关注中间制造环节是不够的，人们要向制造业两端发力，做好前端产品技术设计与开发及后端品牌建设，使先进制造业向低碳产业转型。

通过推进重点行业低碳转型、控制工业过程温室气体排放、开展工业低碳发展试点示范、实施工业低碳发展工程，削减温室气体排放，积极促进我国工业的低碳转型。

**3.大力发展低碳型第三产业**

从目前来看，现代生产性服务业一般都具有知识密集型和技术密集型特点，它们大多属于低碳产业，如信息产业就是一个典型的低碳产业，其软件制造具有低能耗、低污染、低排放的特征，而其功能则越来越强大，附加值也越来越高，互联网、物联网作为人类社会新技术革命的重要内容，正呈现出越来越大的发展空间，它们应该成为未来重点发展的产业。我国服务业尽管得到了很大的发展，但仍有巨大的发展空间，金融、保险、物流、咨询、广告、旅游、养生、新闻、出版、医疗、教育、文化、科研、技术服务等方面是人们未来发展的重点领域，通过发展低碳型的第三产业，有力推动产业结构的调整。

（二）大力发展低碳技术

发展低碳经济，必须以先进的低碳技术作为支撑。

第一，要使化石能源得到高效清洁利用，这方面需要做的工作很多，要加大新技术研发力度，应用先进的节能降耗技术、清洁技术对传统化石能源进行高效化、清洁化改造，实现工业热电联产和工业余热、余压、余能的综合利用；要大力发展生产工艺节能技术，从而减少碳排放。

第二，要大力发展新能源、绿色能源，推广水力发电、超导临界发电、第二代和第三代核电、单/多/非晶硅光伏电池、整体煤气化联合循环发电、生物质利用，继续向风力发电、薄膜光伏电池、太阳能热发电、分布式电网耦合技术、第四代核电发展，并以此为基础，逐步实现氢能规模利用和发展高效储能技术、超导电力技术，从核聚变、海洋能发电和天然气水合物（可燃冰）利用方面获取新能源。

第三，建设低碳城市，在建筑上推广热泵技术、围护结构保温，开展太阳能热利用，实现区域热电联供和采暖空调、采光通风系统节能，发展 LED 照明技术，逐步实现低碳建筑的低碳化。

第四，建立低碳交通运输系统，实行燃油汽车节能技术，实施混合动力汽车和新型轨道交通，推动高能量密度动力电池、电动汽车和生物质液体燃料利用的发展，逐步向燃料电池汽车、第二代生物燃料和第三代生物燃料过渡，最终实现交通出行的低碳化、高效化发展。

### （三）挖掘碳汇潜力

增加碳汇，以提高对温室气体的吸收，也是减排的重要途径之一。增加碳汇，主要通过以下途径来实现：

#### 1.增加森林碳汇

森林碳汇是最有效的固碳方式，应通过植树造林、退化生态系统的修复、建立农林复合系统、加强森林管理等提高林地生产力，进而提高森林碳汇。要通过减少砍伐林木、改进采伐措施、提高木材利用效率、更有效地进行森林灾害防治，来保护森林碳贮存。要通过其他清洁能源替代薪柴、采伐剩余物的回收利用、木材深加工、木材循环利用，来实现碳替代。

#### 2.增加耕地碳汇

耕地碳汇是陆地生态碳汇的重要组成部分，也是最活跃的部分之一。我国农田土壤有机碳较低，南方为 0.8%～1.2%，华北为 0.5%～0.8%，西北大都在 0.5% 以下，所以我国增加耕地碳汇有着很大的空间，需要在这方面加大投入力度。

### 3.增加草原碳汇

增加草原碳汇的主要工作是防止草原退化和开垦，要降低放牧密度、围封草场、人工种草和退化草原修复。同时，加大优良牧草引入和优化畜牧业管理，也是改善草原碳汇的重要方法。

## （四）倡导低碳消费模式

### 1.制定完善的法律法规

低碳消费不能仅靠倡导，更需要法律法规的约束。我国要借鉴世界各国低碳消费的成功经验，结合国情，制定相关的法律法规，对低碳消费对象、消费行为实施有效的激励与监督。要完善居民低碳消费方面的强制性标准等政策配套措施，使广大居民的低碳消费有法可依，有相应的基础设施相配套。完善信用体系建设，通过低碳消费的信用体系建设，提升消费者自觉实施低碳消费的行为，从而形成良好的社会氛围。同时，通过政策优惠，给予节能产品和低碳能源开发技术在政策上的扶持，使其扩大市场份额。政府鼓励风能、水能、太阳能等能源的开发利用，加大对节能环保企业在税收和融资方面的扶持力度，使其生产出更多的低碳产品供消费者选择。

### 2.企业承担更多的低碳发展的责任

企业是能源消费和碳排放大户，企业要在低碳消费中承担起技术革新、降低能耗、提高资源利用率的重任。实现企业生产低碳化是一个长期艰巨的任务，需要企业具有强烈的减排责任意识，并投入大量的资金和人力资源，通过技术创新，降低企业的能源消费量和碳排放量，最终实现企业低碳化生产和产品的低碳化。

### 3.培养低碳消费文化

思想决定行为，转变居民消费意识是推行低碳消费的重中之重。人们在生活中应该养成节约、低碳、环保的意识，形成低碳消费文化。媒体等宣传部门要大力倡导低碳消费理念，引导社会大众形成低碳消费光荣、奢侈性高碳消费可耻的理念，加大对环境知识的科普力度，使社会公众充分认识到低碳消费的重要性，自觉形成节约、低碳的消费方式。要把低碳消费落实到消费的各个环节中，从衣、食、住、行、游、娱及日常生活的各个方面把低碳消费落到实处。在吃的方面，要选择低碳饮食、环保食品；在穿的方面，要选择低碳面料衣服，进行环保洗涤；在住的方面，要选择低碳建筑，采取低碳类装修，降低家庭能耗；在行的方面，要大力提倡低碳出行，优先考虑步行、自行车出行、新能源交通出行等方式，尽可能不用、少用高碳交通出行工具；在旅游方面，要整体设计出行方案，做到低碳环保旅游；在娱乐方面，要选择节能型娱乐设施和场所，多参与低耗能、低排放娱乐，少去或不去高耗能娱乐场所。每个公民都应通过实际行动，形成低碳消费的巨大社会力量，为建成低碳社会做出应尽的努力。

# 第二节 清洁生产

清洁生产是防治产业污染的必然选择和最佳模式，是发展绿色经济在生产过程、产品和服务层面的表现形态。通过使用低污染或无污染的原料替代有毒有害的原材料，采用清洁和高效的生产工艺，向社会提供清洁产品等，减少对环境的污染和破坏，进而转变经济的增长方式，推动绿色经济体系的建立。

## 一、清洁生产的含义

### （一）清洁生产的概念

清洁生产，是指不断采取改进设计、使用清洁的能源和原料、采用先进的工艺技术与设备、改善管理、综合利用等措施，从源头消减污染，提高资源利用效率，减少或者避免在生产、服务和产品使用过程中污染物的产生和排放，以减轻或者消除其对人类健康和环境的危害。

清洁生产需要把综合性预防的战略持续地应用于生产过程、产品和服务中，以提高效率和降低对人类安全和环境造成的风险。清洁生产是制造产品过程中预防污染的一种创造性的思维方法。清洁生产对产品的生产过程持续运用整体预防的环境保护策略，其实质是一种物耗和能耗最小的人类生产活动的规划和管理，将废物减量化、资源化和无害化，或消灭于生产过程中。

清洁生产的过程包括三个方面：对生产过程而言，它包括节约资源和原材料，淘汰有毒有害材料，减少"三废"和有害物质的产生量；通过综合利用和循环利用，以减少废物和有害物质的排放量。对产品来讲，清洁生产是从原料的提取到产品的最终处置，减少对人类和环境的有害影响。对服务来说，清洁生产是指将预防性环境战略结合到生产工艺、技术和产品等的设计和提供的服务中。因此，清洁生产的实质，是以贯彻和预防为主要原则，从生产设计、能源与原材料选用、工艺技术与设备维护管理等社会生产和服务的各个环节实行全过程控制，从生产源头上减少资源的浪费，促进资源的循环利用，控制污染产生，实现经济效益、社会效益与环境效益的统一。

清洁生产是发展绿色经济过程中由被动反应向主动行动的一种转变，强调在污染物产生之前就予以削减，彻底改变过去被动的污染控制手段。清洁生产是以节能、降耗、减污为目的，通过先进的生产技术、完善的管理制度，对生产过程的排污细致审核、筛选并实施污染防治的优良方法，减少和消除工业生产对人类健康和环境的不良影响，达到防治污染和提高综合效益的目的。

清洁生产在不同的发展阶段或者不同的国家和地区有不同的叫法，如废物减量化、无废工艺、污染预防等，但其基本内涵是一致的，即对原料的提取和产品的生产过程、服务采取预防污染的策略来减少污染物的产生，强调预防性、综合性和持续性。

（二）清洁生产的指标评价

清洁生产评价即清洁生产潜力评估，主要是通过对原材料选用、生产及产品流通全过程的追踪调查，评价企业各个阶段及总过程的清洁生产水平，并根据实际情况，确定清洁生产措施和管理制度，挖掘清洁生产潜力，降低考核主体的环境风险，进而达到节能、降耗、减排、增效的目的。

根据清洁生产的原则要求和指标的可度量性，指标体系分为定量评价和定性要求两大部分。定量评价指标选取有代表性的，能反映节能、降耗、减污和增效等有关清洁生产最终目标的指标，建立评价模式。定性评价指标主要根据国家有关推行清洁生产的产业发展和技术进步政策、资源环境保护政策规定，以及行业发展规划选取，用于定性考核企业对有关政策法规的符合性及其清洁生产工作实施情况。

通常使用的指标体系评价方法包括百分制法、灰色关联度法、单项指标评价方法、人工神经网络、层次分析法、贝叶斯网络法和模糊评价法等。目前，国家现行的清洁生产评级体系建立的方法有两种，一种是根据清洁生产审核的指标，即能源、过程控制、原辅材料、工艺技术、综合利用、生产控制、设备、产品和废物；另一种是根据以产品的生命周期为主线的指标，即生产工艺与装备、资源和能源利用、产品指标、污染物产生、废物的回收与利用和环境管理。

## （三）清洁生产的作用

### 1.清洁生产是实现绿色发展战略的重要手段

清洁生产是一种新型污染预防和控制战略，通过技术改造创新生产方式，既可满足人们的需要，又可合理使用自然资源和能源并保护环境。其实质是一种物料和能耗最少的人类生产活动的规划和管理，在生产过程中实现废物减量化、资源化和无害化，生产对人体和环境无害的绿色产品。

### 2.清洁生产是发展低碳经济的重要途径

通过清洁生产手段来控制环境污染、减少碳排放是最佳选择。开展清洁生产要求企业提高工艺技术水平，用先进的工艺技术替代落后的工艺技术，符合低碳经济的技术创新理念。企业通过实施清洁生产，不断提高技术水平和资源使用的效率，改进生产工艺水平，加强和提高废物循环利用效率，有效控制废物排放，从源头治理污染，改变传统生产的"末端治理"模式，使企业的经济效益在资源高价的压力下，既能保持增长的态势，又能达到环境保护的相关要求。清洁生产遵循节能、降耗、减污、增效的方针，特别是在节能和提高能效方面，符合低碳经济所倡导的使用洁净煤、可再生能源、核能及相关低碳能源。通过清洁生产的推广和应用，低碳经济有了抓手，可以带来更大的环境经济效益。

### 3.清洁生产实现经济发展与环境保护的"双赢"

清洁生产是集工程减排、结构减排、管理减排于一体的综合性节能减排手段。实行清洁生产，可以全过程地对工业进行减排，全生命周期地减少产品的不利影响，极大地释放工业的减排空间；可以节约资源，消减污染物，降低污染治理设施的建设和运行费用，提高企业经济效益和竞争能力；可以将污染物消除在源头和生产过程中，有效地解决污染转移问题；可以挽救一大批因污染严重而濒临关闭的企业，缓解就业压力和社会矛盾；可以从根本上减轻因经济快速发展给环境造成的巨大压力，降低生产和服务活动对环境的破坏。

# 二、清洁生产的内容

## （一）清洁生产的原材料

清洁生产的内容和过程，一则强调清洁能源，包括开发节能技术，尽可能开发利用再生能源及合理利用常规能源；二则强调清洁生产过程，包括尽可能不用或少用有毒有害原料和中间产品，以及对原材料和中间产品进行回收，改善管理、提高效率；三则强调清洁的产品，包括以不危害人体健康和生态环境为主导因素来考虑产品的制造过程甚至使用后的回收利用，减少原材料和能源使用。企业对产品的包装应当合理，包装的材质、结构和成本应当与内装产品的质量、规格和成本相适应，减少包装性废物的产生，不得进行过度包装。

当前的很多环境污染问题直接来源于原材料的采掘过程，清洁生产过程不仅要关注产品的制造过程，而且要跟踪考虑原材料的采掘过程。在新生产工艺中，完善原材料的管理和循环利用，应从源头上摒弃有毒原材料，最大限度地利用再循环材料，高效利用原料所蕴含的能量，包括原材料提取、加工，以及废物循环和最终废物弃置，最大限度地减少废物的产生，重新确定废物的价值，使其可作为其他生产过程的原材料。

材料优化管理是企业实施清洁生产的重要环节。选择材料、化学品风险评估、估计生命周期，是提高材料管理的重要方面。企业实施清洁生产，在选择材料时要关心再使用性与可循环性，具有再使用与再循环性的材料可以通过提高环境质量和减少成本，来获得经济与环境收益。实行合理的材料闭环流动，主要包括原材料和产品回收处理过程中的材料流动、产品使用过程中的材料流动和产品制造过程中的材料流动。

原材料的加工循环是由自然资源到成品材料的流动过程，以及开采、加工过程中产生的废弃物的回收利用所组成的一个封闭过程。产品制造过程中的材料流动，是材料在整个制造系统中的流动过程，以及在此过程中产生的废弃物的回收处理形成的循环过程。制造过程的各个环节直接或间接地影响着材料的消耗。产品使用过程中的材料流动是在产品的寿命周期内，产品的使用、维修、保养及服务等过程和在这些过程中产生的废弃物的回收利用过程。产品回收过程中的材料流动是产品使用后的处理过程，其组成主要包括可重用的零部件、可再生的零部件和不可再生的废弃物。在材料消耗的环节里，都要将废弃物减量化、资源化和无害化，或消灭在生产过程之中，不仅要实现生产过程的无污染或不污染，而且要求生产出来的产品没有污染。

### （二）清洁生产的工艺

清洁工艺是利用各种制造工具，对原材料、半成品进行清洁加工或处理，使之成为绿色产品的方法和技术。

#### 1.清洁工艺过程

清洁工艺过程是在将原材料转化为绿色产品的制造工艺过程中，融入全面预防污染的思想，通过采用各种清洁的工艺技术和先进的管理手段，合理利用资源和能源，尽可能地减少制造工艺过程中产生的环境污染，从而使制造企业逐步实现环境与经济协调、持续发展的目的。清洁工艺过程是清洁工艺的具体实现，清洁工艺过程能实现"预防为主，治理为辅"。清洁工艺过程具有节约资源、节省能源、环境保护和劳动保护的特性，以及持续性、预防性、系统性、经济性、绿色性和技术先进性的特征。清洁工艺过程在产品的物料转化过程中，通过采取各种先进技术和管理措施，输入绿色的原材料、辅料和绿色能源，直接改变制造对象的形状、尺寸、相对位置和性质等，使其成为成品或半成品。清洁工艺过程是对末端治理方法解决环境问题的根本性变革，它把整体预防的环境战略持续应用于产品的整个寿命周期过程。

#### 2.清洁工艺审计

清洁工艺审计以产品的制造工艺过程为对象，按照清洁化生产的要求进行计算，是企业推行清洁化生产的重要前提、关键和核心。在审计过程中，要对产品制造过程中各个环节各个阶段的资源消耗、能源消耗、废弃物产生和劳动保护的情况进行监测，并结合理论数据，进行定量分析和评估，以找出产品制造过程中存在的高物耗、高能耗、高污染的薄弱环节，然后根据因果关系分析找出原因，最后制定出可行的解决方案。

#### 3.清洁工艺系统

清洁工艺系统是清洁工艺过程及其所涉及的硬件、软件和人员组成的，将制造资源转变为绿色产品的有机整体。从结构上来看，清洁工艺系统是清洁工艺过程涉及的硬件（如设备、物料工艺装备和能源等）、软件（包括清洁工艺理论、清洁工艺技术和清洁制造信息等）和人所组成的一个具有特定功能的有机整体。从功能上来看，清洁工艺系统是一个输入绿色制造资源（绿色材料和绿色能源），通过清洁工艺过程输出绿色产品的系统。从过程上来看，清洁工艺系统是清洁工艺过程的运行过程，它包括清洁毛坯制造、清洁机械加工、清洁热处理和清洁装配等环节。清洁工艺系统的整体目的是在特定的生产条件下，通过采用清洁、合理的工艺过程，以最低的资源、能源消耗，最少的甚至没有的环境污染和良好的劳动保护，制造出用户满意的绿色产品。

### （三）清洁生产的产品

产品生命周期包括原材料采掘与生产、产品制造、产品使用和废弃物管理。清洁生产应树立"从摇篮到坟墓"的全过程管理系统观，即在产品的整个生命周期内不应对环境和生态系统造成危害，产品生命周期包括原材料采掘、原材料生产、产品制造、产品使用，以及产品用后处理。

产品的清洁生产直接带动产品及其结构的绿色升级换代，改变生产过程技术和产业体系结构，促进产品生命周期过程中物质流的改观，提高生产的市场竞争力。清洁生产是产品的生产过程和管理服务构成的整个产业体系，围绕"资源—产品—废物"线性物质代谢模式的核心，实施生态产品设计和制造。

产品绿色设计的核心是在不影响产品性能和寿命的前提下，尽可能体现环境目标，包括持续的产品开发、生命周期设计和绿色产品设计等，强调消费服务方式替代设计、延长产品寿命期设计、原材料使用最少化，以及选择与环境相容的原材料。在产品设计的过程中，一要考虑环境保护，减少资源消耗，实现可持续发展战略；二要考虑商业利益，降低成本，减少潜在的责任风险，提高竞争力。产品设计要达到只需要重新设计一些零件就可更新产品的目的，从而减少固体废物。在产品设计时，还应考虑在生产中使用更少的材料或更多的节能成分，优先选择无毒、低毒、少污染的原辅材料替代原有毒性较大的原辅材料，防止原料及产品对人类和环境造成危害。

清洁生产的产品要实施生产全过程控制，削减有毒品使用。清洁的生产过程要求企业采用少废、无废的生产工艺技术和高效的生产设备，尽可能使用有毒化学品名录以外的化学品，减少生产过程中的各种危险因素和有毒有害的中间产品，使用简便、可靠的操作和控制，建立良好的卫生规范、卫生标准操作程序及危害分析与关键控制点，组织物料的再循环利用，建立全面质量管理系统，优化生产组织，进行污染治理，实现清洁、高效利用和生产。

（四）清洁生产的管理和服务

清洁生产的管理和服务是指企业建立管理和服务体系，开展环境审计，设定环境目标，分阶段、有步骤地引进和实施清洁生产技术，以强有力的制度和良好的管理，保障生产过程的污染减少和废物综合利用，确保环境保护目标的达成。

1.建立企业新型的管理和服务体系规范

合理的管理和服务体系主要从管理功能的角度，通过环境方针、目标，以及相应的组织机构、职责、程序和资源，实现企业管理和服务过程中的环境保护。通过自控、自检、自查和自我纠正，并能对外界的新信息做出响应，及时调整企业的环境行为。同时，指导企业逐步改进工艺，不断追求新的高效节能技术，跟国际清洁技术接轨。

2.开展清洁生产审计

清洁审计可以有效评价环境因素，为管理和服务体系制定合理的环境方案提供依据。清洁生产审计的目的是确保在产品的生产过程中节约原材料和能源，淘汰有毒原材料，并在废物排放之前，尽量减少其数量和毒性，减少产品从原材料使用到最终处置整个生命周期中对人类和环境的影响。清洁生产审计为管理和服务体系中"环境因素"的识别与评估提供了依据。同时，它还为衡量管理和服务体系运作是否有效提供实绩参考，为企业管理和服务体系的高效运作提供坚实的技术基础。

3.完善组织结构和政策制度

清洁生产的管理和服务体系是以标准来规范人们行为的科学系统，包括协调统一的组织结构、协调紧密的管理和服务政策制度等，它不仅在意识上，而且在组织结构上、制度上，为企业进行清洁生产审计提供了保证。同时，管理和服务体系要求企业组建管理与服务机构，使企业进行清洁生产有组织保证。

开展综合的清洁生产服务和管理，一是开展的管理和服务应结合企业自身的实际情况展开。大中型企业要有能力开展和选择自主开发具有较强的专属性的清洁生产技术，使企业在竞争中获得利益，中小企业可以购买相关的清洁生产技术，以节省独立开发成本。二是从领导者到员工都应该有强烈的环保意识，企业全体员工对建立管理与服务体系达成共识，在企业进行环境初始评审和对环境因素进行识别与评估等过程中相互支持和监督。三是积极开展绿色营销，以提高消费者的环保意识。绿色营销是一种以保护环境和回归自然为主要特征的营销活动，它是基于绿色需求、绿色消费而产生的，核心是提倡绿色消费意识，进行以绿色产品为主要标志的市场开拓，营造绿色消费群体，培育绿色文化。

# 三、清洁生产的实施途径

## （一）健全清洁生产法规

实施清洁生产以来，我国形成了从国家到地方、从原则性规定到具体实施办法的清洁生产法律法规体系，涵盖清洁生产的各个方面，有效地促进了清洁生产的开展。我国清洁生产的法律法规和政策体系的不断健全，有力地推动了清洁生产的实施。

推进农业清洁生产，深入推进化肥农药零增长行动，建立健全化肥农药行业生产监管及产品追溯系统，大力推行高效生态循环的种养模式，以县为单位推进农业废弃物资源化利用试点，鼓励各地加大农作物秸秆综合利用支持力度，继续开展地膜清洁生产试点示范，推进国家农业可持续发展试验示范区创建。

除了国家层面的政策法规外，地方主管部门要加强与地方有关部门的协调配合，建立清洁生产专项资金，通过加大地方财政对清洁生产的支持力度，有效推动企业参与清洁生产的积极性。在地方立法上，可以在国家立法的框架内予以地方化，即在地方综合性环境保护法中做出有关资源综合利用、节约资源、减少废弃物清洁生产的规定，或在制定国家单项法的实施条例中进一步细化相关规定，或制定清洁生产地方性法规。

## （二）配套的相关政策支持

### 1.扩大清洁生产经济激励扶持

清洁生产是一种全新的战略模式，对企业具有长期的效益，政府作为引导者应运用财政、税收和表彰等多种手段激励、扶持企业，促使企业实施清洁生产。例如，安排中央财政清洁生产专项资金和中央预算的其他清洁生产资金，用于支持国家清洁生产推行规划确定的重点领域、重点行业、重点工程实施清洁生产及其技术推广工作，用于生态脆弱地区实施清洁生产项目，为中小企业的清洁生产提供技术支持、税收优惠、低息贷款、咨询服务、信息渠道、项目支持和技术服务等。

## 2.完善清洁生产的调控机制

加强各职能主体和制度间的协调性、统一性、互动性，并加强制度的可操作性。从职能主体来看，完善政府对环境质量负责的责任制，明确法律后果及相应的处罚措施，使政府环境保护职责的原则性规定在决策过程、组织区域环境综合治理、协调各区域环保行动中得到具体化落实。从制度协调来看，完善清洁生产的公众监督机制、教育制度、排污权交易制度、绿色包装制度、绿色卫生检疫制度，以及合同能源管理制度等，与企业签订行政合同与志愿协议，鼓励企业实行清洁生产。

## 3.确立清洁生产的行政强制制度

除了具有灵活性、间接性的清洁生产调控制度外，还要根据一些企业尚未实现达标排放或稳定地实现达标排放的基本国情，确立清洁生产的行政强制制度。对浪费资源和严重污染环境的落后生产技术、工艺、设备和产品实行限期淘汰制度，对不符合国家、地方规定标准的企业，在责令限期改正的期限内拒不改正的予以取缔。

## （三）加强企业清洁生产的制度建设

清洁生产是一项涉及全社会的系统工程，必须依靠各级政府、部门的支持，以及企业的实践。企业是清洁生产的实践主体，要加强企业生产的制度建设，进而规范企业清洁生产的生产、管理和服务。

## 1.加强对企业的监督和管理措施

清洁生产的主体是企业，通过对企业进行定量监控，找出高物耗、高能耗、高污染的环节，采取清洁生产的对应措施。通过清洁生产审计形成的低废、无废的废物削减方案，以及针对重点问题的污染预防综合控制方案，制订严格的实施计划，并编写具体的程序文件予以执行。清洁生产的实施情况要做完备的跟踪记录，制订定期评审计划，保证清洁生产实施的可操作性。对于新建、扩建、改建项目不采用清洁生产工艺和技术的，审批部门不批准立项，环保部门不批准环境影响评价报告书，金融机构不予贷款。对严重污染环境、被责令治理的重点企业，不采用清洁生产工艺、技术进行结构调整和技术改造的，不准其恢复生产。

## 2.开展清洁生产的宣传教育和人员培训工作

充分利用各种媒体，对清洁生产的重要作用和意义进行宣传和信息引导，推广清洁生产的经验，同时对污染环境、浪费资源的行为进行曝光，形成有利于推行清洁生产的舆论氛围，增强企业实施清洁生产的自觉性。组织企业研究推行清洁生产的技术，交流清洁生产的经验。组织环保人员研究有利于推行清洁生产的环保政策、办法及制度。组织清洁生产审计员培训和教育，培养一批从事清洁生产审计的专门人才。通过清洁生产的系列教育培训和宣传活动，提高全社会对清洁生产的认识，使清洁生产的推行成为各级政府决策的重点，建成推行清洁生产的组织机构和技术队伍，为清洁生产创造一个良好的社会环境。

**3.建立清洁生产信息制度**

充分、可靠、具有科学性的清洁生产信息是清洁生产的前提，也是推行清洁生产的基础和条件。重视"政府+市场+企业"为一体的清洁生产信息体系的规范、公开、透明和互动，建立收集、汇编、传递、利用清洁生产信息的制度，建立清洁生产信息交换中心和信息传播网，打破传播清洁生产信息的机构障碍，形成畅通的清洁生产信息渠道。通过清洁生产信息制度，推动清洁生产技术的创新、交流，推广清洁生产和绿色产品方面的成功经验，鼓励和发展清洁生产领域的广泛合作，增加制度的科学性、合理性，防止污染转嫁。

**4.建立清洁产品环境标志制度**

更新、替代有害环境的产品，大力发展绿色产品，需要制定有关环境保护标志产品的标准及质量检验方法，对清洁产品应进行生命周期评估和环境标志认证。环境标志制度是市场经济条件下强化清洁生产管理与服务的有力措施。按照推行清洁生产和污染预防政策及国际经济一体化的要求，环境标志产品认证应逐渐规范化和制度化，由非强制性的引导性政策，上升为稳定的、普遍的强制性法律制度。

## （四）强化清洁生产的监督管理

清洁生产需要各项制度的通力配合，才能发挥整体效应。政府和相关部门通过完善相关制度，强化企业清洁生产的监督管理。

强化清洁生产的监督管理，要加强事前、事中和事后监管措施。事前监管是法律条文的规定，须依照法律规定的条件和分级管理的权限，进行全面的审查批准。事中监管侧重于企业的能动性，企业对生产和服务过程中的资源消耗及废物的产生情况进行监测，并根据需要对生产和服务实施清洁生产审核。事后监管主体主要在于外部体系，不同的监管主体发挥协同作用。在媒体监管上，媒体要在清洁生产利用方面发挥相应的监管作用；在内部监管上，企业自身要对清洁生产和资源利用过程进行监测；在行政监管上，政府职能部门要对企业进行跟踪监督，并对违法行为予以严肃处理；在公众监管上，任何单位和个人都有权对违法违规行为进行举报。

### （五）开展清洁生产的示范项目

#### 1.工业清洁生产示范项目

工信部等部门开始全面推进工业清洁生产规模化发展，制定汞、铬、铅、氨氮、化学需氧量、二氧化硫、氮氧化物等污染物产生量削减七项重点工程，并以示范带动七大重点工程实施，推进工业清洁生产行业发展，不仅取得了显著的经济、环境和社会效益，也被列为清洁生产示范与典型得到推广应用。在中外合作推行的清洁生产示范项目中，培养了一批清洁生产和审核的专业队伍，创新了企业生产技术和模式，提高了企业清洁生产的积极性和可操作性。

#### 2.农业清洁生产示范项目

国家选择地膜使用面广、残留量大的省（自治区），以市县为单位开展地膜科学使用示范建设，同时加强农业清洁生产能力建设。地膜科学使用示范市县建设的主要内容，包括三个方面：一是推进生产过程清洁化，采取政府引导、企业带动、市场运作的方式，推广应用厚度0.008 mm以上的地膜，示范推广膜下滴灌技术，实现节水节肥。二是减少农产品产地地膜残留，以市县为单位，通过加强管理和政策激励，鼓励农产品产地残留地膜的收集，减少地膜残留，维护土壤环境安全，合理布局建设废旧地膜加工站（点），以乡村为单位建设废旧地膜收集储存点。三是加强能力建设，支持农业清洁生产示范市县管理和技术服务能力建设。

#### 3.服务业清洁生产示范项目

北京市获批成为国家首个服务业清洁生产试点城市。北京市从重点任务、试点工程、促进机制和保障措施等多个方面，全面启动服务业清洁生产试点城市建设，明确服务业清洁生产重点推广领域。北京选择量大面广、资源能源消耗和污染物排放高的医疗机构、学校与科研院所、住宿餐饮、商业零售、商务办公、洗衣、沐浴、交通运输仓储、汽车修理、公共设施作为服务业清洁生产十大重点领域，集中力量先行先试推广清洁生产。

# 第三节 节能减排

节能减排是落实节约资源和保护环境基本国策的重要途径之一，是发展绿色经济在生产过程、产品和服务层面的表现形态。通过节约能耗、减少污染物排放，可以提高能源利用效率和改善生态环境质量，加快建设资源节约型、环境友好型社会，促进经济转型升级，实现经济发展与环境改善双赢，推动绿色经济体系的建立。

## 一、节能减排的要求、内涵及评价指标

### （一）节能减排的要求

我国是世界上产值能耗高的国家之一，节能减排是我国经济社会发展的一项重要而紧迫的任务，降低能耗也是推进经济结构调整、转变经济增长方式的必由之路，是发展绿色经济的重大举措。

#### 1.树立节约集约循环利用的资源观

树立节约集约循环利用的资源观，推动资源利用方式根本转变，加强全过程节约管理，大幅提高资源利用综合效益。2020 年，在城镇新建建筑中，绿色建筑推广比例超过50%，绿色建材应用比例超过 40%，城镇可再生能源在建筑领域消费比重稳步提升，部分地区新建建筑能效水平实现与国际先进水平同步。

#### 2.严格环保能耗要求

严格环保能耗要求，促进企业加快升级改造，推进节能环保产业发展。实施工业污染源全面达标排放计划，工业污染源全面开展自行监测和信息公开，排查并公布未达标工业污染源名单，实施重点行业企业达标排放限期改造，完善工业园区污水集中处理设施。深入推进重点污染物减排，改革完善总量控制制度，推动治污减排工程建设，控制

重点地区、重点行业挥发性有机物排放，总磷和总氮超标水域实施流域和区域性总量控制。

### 3.大力发展高效节能产业

为适应建设资源节约型、环境友好型社会的要求，应树立节能为本的理念，全面推进能源节约，提升高效节能装备技术及产品应用水平，推进节能技术系统集成和示范应用，支持节能服务产业做大做强，促进高效节能产业快速发展。

通过优化产业和能源结构，加强重点领域节能，强化主要污染物减排，大力发展循环经济，实施节能减排工程，强化节能减排技术支撑和服务体系建设，建立和完善节能减排市场化机制，落实节能减排目标责任，强化节能减排监督检查，动员全社会参与节能减排。

要把节能贯穿于经济社会发展全过程和各领域，加快建设能源节约型社会，促进生态文明建设，推进绿色发展。

坚持石油节约利用，持续开展工业、交通和建筑等重点领域节能，推进终端燃油产品能效提升和重点用能行业能效水平对标达标；大力发展清洁替代能源，推广电能、天然气等对燃油的清洁化替代。

减少能源消费总量，保障能源安全，提高能源供应能力，优化能源消费结构，提高能源系统效率，实现能源环保低碳，实行能源普遍服务。

加快提升建筑节能标准，在城镇新建建筑中大幅提高绿色建筑的推广比例，对既有建筑节能改造实行有序推进，逐步扩大可再生能源建筑应用规模，实现农村建筑节能的新突破。

### （二）节能减排的内涵

节能减排是指一切节约物质资源与能量资源、减少污染物和废弃物向环境中排放的行为。通常讲的节能减排，是专指节约能源与减少资源利用中废弃物排放的行为。节约能源是指加强用能管理，采取技术上可行、经济上合理，以及环境和社会可以承受的措施，从能源生产到消费的各个环节，降低消耗，减少损失和污染物排放，制止浪费，有效、合理地利用能源。

节能减排包含两个层面的内容：一是"节能"，基于资源能源承载状况，通过提高能源利用效率等方式减少能源的消耗；二是"减排"，这是"刚性约束"指标，通过改变能源利用方式等手段，减少能源利用中温室气体的产生与排放。节能减排意味着传统经济发展模式的转变，通过全力提高能源利用效率，减少传统化石能源的使用，使单位GDP的能源消耗与碳排放逐渐降低，实现温室气体的减量排放。

节能减排是发展绿色经济的一条必要途径。通过节能减排，对主要污染物排放实施严格的总量控制，是实现功能区环境质量达标的基本保证，是促进经济结构战略性调整和经济增长方式根本性转变的有力措施，有利于促进技术进步和资源节约，有利于贯彻国家产业政策，有利于实现环境资源的合理配置，有利于提高治理污染的积极性。

节能减排是应对全球气候变化的迫切需要，全球气候变暖与使用煤炭、石油等化石燃料的过程中排放二氧化碳的数量密切相关。在全球气候变暖的大背景下，实行节能减排不仅是我国政府向全世界做出的庄严承诺，也直接影响到我国和谐社会的建设和区域的协调发展。节能减排倡导正确的政绩观，成为综合考核评价的重要内容，是干部考核中的硬性指标。环保部门、各地方政府和企业是节能减排的责任主体和实施主体，必须实行严格的考核制度，实现节能减排的目标。

## （三）节能减排评价指标

### 1.节能减排评价指标的选取

由于经济发展的普遍性与区域经济的特殊性，节能减排指标要体现综合普遍性和特殊性的要求。在不同阶段，节能减排指标设计必须体现出一般性，如单位产值能耗指标、碳排放指标、就业比重指标和人均国民收入指标等；对不同区域和行业的节能减排指标设计必须体现出特殊性，如节能专项支持体系、节能项目与节能技术研发推广。通过硬指标和软指标的有机结合、研发过程与生产过程并重、节约与替代相统一，确定节能减排评价，为节能减排的实践提供指导和服务。

### 2.实行三级衡量尺度的节能减排评价指标体系

节能减排的综合指标必须满足经济学、生态学、社会学和高科技的要求，确定"宏观尺度（国家）+中观尺度（地区）+微观尺度（企业）"的三级衡量尺度。

宏观层面的评价指标包括：资源的综合开发利用，产业的合理布局，经济效益的最优组合与持续增长；完整的生态系统、自然群落和人工建成区之间的物质能量的流动和永续利用；人口增长与社会发展适应，社会阶层的平等；开发洁净能源，形成环境干扰小的产业；人与自然的和谐共生，地区之间的均衡发展，代际公平等。

中观层面的评价指标包括：地区资源潜质的挖掘，适宜产业的选择；生态系统的较完整片段，生态系统环节之间的配合，减小环境影响；人口充分就业，社会福利保障；综合处理工业废物和生活垃圾，节能设计和环保材料运用；将自然引入建成区，预留未来发展空间，不同群体利益均衡等。

微观层面的评价指标包括：经济实体的正常运营，开发就业潜力；减少外界的能量与物质依赖，降低有害物质的产出；企业人文关怀，归属感的建立；建筑生态设计和绿色材料使用，散点减排；企业活力保持，构筑亲近自然的空间，员工素质发展；节能减排指标的作用等。

3.构建企业的节能减排评价指标体系

企业节能减排效果是考核企业资源利用效率的重要依据。企业节能减排效果评价指标体系包括五个方面：第一，资源消耗、污染物排放、综合利用、无害化及支撑能力。资源消耗指标通过节能、节水、节材，以及集约用地，来体现企业对资源的利用效率，反映企业在生产过程中使用的能源、水、材料和土地。第二，污染物排放指标通过企业在生产过程中产生的废水、废气和固体废弃物排放量，反映企业节能减排效应。第三，综合利用指标以企业对生产过程中产生的废渣、废水、废液、废气、余热和余压等，或再生资源进行回收和利用情况进行衡量。第四，"无害化"指标通过污染物排放达标率和绿色资源使用，来反映无害化。第五，节能支撑能力指标通过制度支持和研发支撑，反映企业开展节能减排的基本保障和内外的支持。

## 二、节能减排的内容

### （一）建立和完善节能指标体系、监测体系和考核体系

建立和完善节能减排指标体系、监测体系和考核体系，要对全部耗能单位和污染源进行调查摸底，建立健全涵盖全社会的能源生产、流通、消费、区域间流入流出及利用效率的统计指标体系和调查体系，实施全国和地区单位 GDP 能耗指标季度核算制度，建立并完善年耗能万吨标准煤以上企业能耗统计数据网上直报系统，加强能源统计巡查和对能源统计数据进行监测，制定并实施主要污染物排放统计和监测办法，改进统计方法，完善统计和监测制度，建立并完善污染物排放数据网上直报系统和减排措施调度制

度,对国家监控重点污染源实施联网在线自动监控,构建污染物排放三级立体监测体系,向社会公告重点监控企业年度污染物排放数据。

### （二）加强节能环保发电调度和电力需求侧管理

制定并实施有利于节能减排的发电调度办法,优先安排清洁、高效机组和资源综合利用发电,限制能耗高、污染重的低效机组发电。研究推行发电权交易,逐年削减小火电机组发电上网小时数,实行按边际成本上网竞价。制定电力需求侧管理办法,规范有序用电,开展能效电厂试点,研究制定配套政策,建立长效机制。

### （三）严格建筑能效管理

大力推广节能省地环保型建筑,强化新建建筑执行能耗限额标准全过程监督管理,实施建筑能效专项测评,对达不到标准的建筑,不得办理开工和竣工验收备案手续,不准销售使用。要求所有新建商品房销售时在买卖合同等文件中载明耗能量、节能措施等信息。建立并完善大型公共建筑节能运行监管体系,深化供热体制改革,实行供热计量收费。抓好新建建筑施工阶段执行能耗限额标准的监管工作,在示范省市建立大型公共建筑能耗统计、能源审计、能效公示、能耗定额制度。

### （四）强化运输节能管理

优先发展城市公共交通,加快城市快速公交和轨道交通建设。控制高耗油、高污染机动车发展,严格执行乘用车、轻型商用车燃料消耗量限值标准,建立汽车产品燃料消耗量申报和公示制度。严格实施国家第三阶段机动车污染物排放标准和船舶污染物排放标准,有条件的地方要适当提高排放标准,继续实行财政补贴政策,加快老旧汽车报废更新。公布实施新能源汽车生产准入管理规则,推进替代能源汽车产业化。运用先进科技手段提高运输组织管理水平,促进各种运输方式的协调和有效衔接。

### （五）加大实施能效标识和节能节水产品认证管理力度

加快实施强制性能效标识制度,扩大能效标识应用范围,加强对能效标识的监督管理,强化社会监督、举报和投诉处理机制,开展专项市场监督检查和抽查,严厉查处违法违规行为。推动节能、节水和环境标志产品认证,规范认证行为,扩展认证范围,在家用电器、照明等产品领域，建立有效的国际协调互认制度。

# 三、推动节能减排的对策

## （一）制定节能减排发展战略

### 1.优化产业和能源结构

促进传统产业转型升级，支持重点传统工业行业的改造升级。鼓励企业瞄准国际同行业标杆，全面提高产品技术、工艺装备、能效环保等水平，促进制造业高端化、智能化、绿色化和服务化。加快新兴产业发展，加快发展壮大新一代信息技术、高端装备、新材料、生物、新能源、新能源汽车、节能环保和数字创意等战略性新兴产业。推动能源结构优化，加强能源安全绿色开发和清洁高效利用，推广使用优质煤、洁净型煤，推进煤改气、煤改电，鼓励利用可再生能源、天然气和电力等优质能源。因地制宜发展海岛太阳能、海上风能、潮汐能和波浪能等可再生能源。安全发展核电，有序发展水电、风电和天然气发电，推动太阳能大规模发展和多元化利用，增加清洁低碳电力供应。

### 2.加强重点领域节能

加强工业节能，加强高能耗行业能耗管控，推广工业智能化用能监测和诊断技术。强化建筑节能，从建筑材料、能源、绿化、面积、施工方式和工程改造等方面开展全面建筑节能体系。促进交通运输节能，从交通体系管理、交通工具、能源和配套设施等方面全面开展交通节能。推动商贸流通领域节能，推动零售、批发、餐饮、住宿和物流等企业建设能源管理体系，建立绿色节能低碳运营管理流程和机制。推进农业农村节能，从农业机械、建筑、耕作方式和能源等方面建成全面节能体系。加强公共机构节能，利用合同能源管理服务，从绿色建筑标准、器材采购、设备运行和人均耗能等方面全面节能。强化重点用能单位节能管理，按照属地管理和分级管理相结合的原则，国家、省、地市分别对重点用能单位进行目标责任评价考核。强化重点用能设备节能管理，加强高耗能特种设备节能审查和监管，构建"安全、节能、环保"三位一体的监管体系。

### 3.强化主要污染物减排

控制重点区域流域排放，推进京津冀及周边地区、长三角、珠三角和东北等重点地区的污染物排放总量控制；加强重点跨国河流水污染防治，严格控制长江、黄河、珠江、松花江、淮河、海河和辽河七大重点流域的环境污染。推进工业污染物减排，实施工业污染源全面达标排放计划，加强工业企业无组织排放管理，严格执行环境影响评价制度。促进移动源污染物减排，实施清洁柴油机行动，全面推进移动源排放控制，提高新机动车船和非道路移动机械环保标准。强化生活源污染综合整治，对城镇和农村的污水处理设施建设发展进行填平补齐、升级改造，完善配套管网，加强运行监管，实现污水处理厂全面达标排放；加快治理公共机构食堂、餐饮服务企业，家具、印刷、汽车维修等政府定点招标采购企业要使用低挥发性原辅材料，严格执行有机溶剂产品有害物质限量标准。重视农业污染物排放治理，大力推广节约型农业技术，推进农业清洁生产。

### 4.大力发展循环经济

全面推动园区循环化改造，对综合性开发区、重化工产业开发区、高新技术开发区等不同性质的园区加强分类指导，强化效果评估和工作考核。加强城市废弃物规范有序处理，推动餐厨废弃物、建筑垃圾、园林废弃物、城市污泥和废旧纺织品等城市典型废弃物集中处理和资源化利用。促进资源循环利用产业提质升级，依托国家"城市矿产"示范基地，促进资源再生利用企业集聚化、园区化、区域协同化布局，提升再生资源利用行业清洁化、高值化水平。统筹推进大宗固体废弃物综合利用，加强共伴生矿产资源及尾矿综合利用，推动煤矸石、粉煤灰、冶炼和化工废渣等工业固体废弃物综合利用。加快互联网与资源循环利用融合发展，支持再生资源企业利用大数据、云计算等技术优化逆向物流网点布局，推广"互联网+"回收新模式。

### 5.实施节能减排工程

组织实施燃煤锅炉节能环保综合提升、电机系统能效提升、余热暖民、绿色照明、节能技术装备产业化示范、能量系统优化、煤炭消费减量替代、重点用能单位综合能效提升、合同能源管理推进、城镇化节能升级改造、天然气分布式能源示范工程等节能重点工程，推进能源综合梯级利用。实施燃煤电厂超低排放和节能改造工程，限期淘汰落后产能和不符合相关强制性标准要求的机组。加强城市、县城等生活污染减排设施建设，加快污水收集管网建设，实施城镇污水、工业园区废水、污泥处理设施建设与提标改造工程，推进再生水回用设施建设，加快畜禽规模养殖场（小区）污染治理。组织实施园区循环化改造、资源循环利用产业示范基地建设、工农复合型循环经济示范区建设、京津冀固体废弃物协同处理、"互联网+"资源循环、再生产品与再制造产品推广等专项行动，建设资源循环利用产业示范基地、工业废弃物综合利用产业基地和工农复合型循环经济示范区，推进生产和生活系统循环链接，构建绿色产业体系。

### 6.完善节能减排支持政策

完善价格收费政策，加快资源环境价格改革，健全价格形成机制。督促各地落实差别电价和惩罚性电价政策，严格清理地方违规出台的高耗能企业优惠电价政策。完善财政税收激励政策，加大对节能减排工作的资金支持力度，统筹安排相关专项资金，支持节能减排重点工程、能力建设和公益宣传。健全绿色金融体系，加强绿色金融体系的顶层设计，推进绿色金融业务创新。鼓励银行业金融机构对节能减排重点工程给予多元化融资支持，健全市场化绿色信贷担保机制，对于使用绿色信贷的项目单位，可按规定申请财政贴息支持。

### 7.建立和完善节能减排市场化机制

建立市场化交易机制，健全用能权、排污权和碳排放权交易机制，创新有偿使用、预算管理和投融资等机制，培育和发展交易市场。推行合同能源管理模式，实施合同能源管理推广工程，鼓励节能服务公司创新服务模式，为用户提供节能咨询、诊断、设计、融资、改造和托管等"一站式"合同能源管理综合服务。健全绿色标识认证体系，强化能效标识管理制度，扩大实施范围，推行节能低碳环保产品认证。推荐环境污染第三方治理，鼓励在环境监测与风险评估、环境公用设施建设与运行、重点区域和重点行业污染防治、生态环境综合整治等领域推行第三方治理。加强电力需求侧管理，推行节能低碳、环保电力调度，建设国家电力需求侧管理平台，推广电能服务。

## （二）强化节能减排技术支撑和服务体系建设

### 1.加快节能减排共性关键技术研发示范推广

启动节能减排科技战略研究和专项规划编制工作，加快节能减排科技资源集成和统筹部署，继续组织实施节能减排重大科技产业化工程。加快超临界发电、低品位余热发电、小型燃气轮机、煤炭清洁高效利用、细颗粒物治理、挥发性有机物治理、汽车尾气净化、原油和成品油码头油气回收、垃圾渗滤液处理、多污染协同处理等新型技术装备研发和产业化。推广高效烟气除尘和余热回收一体化、高效热泵、半导体照明、废弃物循环利用等成熟适用技术。遴选一批节能减排协同效益突出、产业化前景好的先进技术，推广系统性技术解决方案。

### 2.推进节能减排技术系统集成应用

推进区域、城镇、园区和用能单位等系统用能和节能。选择具有示范作用、辐射效应的园区和城市，统筹整合钢铁、水泥、电力等高耗能企业的余热余能资源和区域用能需求，实现能源梯级利用。大力发展"互联网+"智慧能源，支持基于互联网的能源创新，推动建立城市智慧能源系统，鼓励发展智能家居、智能楼宇、智能小区和智能工厂，推动智能电网、储能设施、分布式能源、智能用电终端协同发展。综合采取节能减排系统集成技术，推动锅炉系统、供热/制冷系统、电机系统和照明系统等优化升级。

### 3.完善节能减排创新平台和服务体系

建立并完善节能减排技术评估体系和科技创新创业综合服务平台，建设绿色技术服务平台，推动建立节能减排技术和产品的检测认证服务机制。培育一批具有核心竞争力的节能减排科技企业和服务基地，建立一批节能科技成果转移促进中心和交流转化平台，组建一批节能减排产业技术创新战略联盟和研究基地（平台）等。继续发布国家重点节能低碳技术推广目录，建立节能减排技术遴选、评定及推广机制。加快引进国外节能环保新技术和新装备，推动国内节能减排先进技术装备走出去。

## （三）强化节能减排的主体责任

### 1.强化政府部门节能减排的主导和监管责任

按照国务院要求，每年组织开展省级人民政府节能减排目标责任评价考核，将考核结果作为领导班子和领导干部考核的重要内容，开展领导干部自然资源资产离任审计试点。对未完成强度降低目标的省级人民政府实行问责，对未完成国家下达能耗总量控制目标任务的予以通报批评和约谈，实行高耗能项目缓批、限批。对环境质量、总量减排目标均未完成的省（区、市），采取约谈、暂停新增排放重点污染物的建设项目环评审批，暂停或减少中央财政资金支持等措施，必要时列入环境保护督察范围。对重点单位节能减排考核结果进行公告，并纳入社会信用记录系统，对未完成目标任务的暂停审批或核准新建扩建高耗能项目。

### 2.强化企业节能减排的参与和实践责任

落实国有企业节能减排目标责任制，将节能减排指标完成情况作为企业绩效和负责人业绩考核的重要内容。对节能减排贡献突出的地区、单位和个人，以适当方式给予表彰奖励。要在科学测算的基础上，把节能减排各项工作目标和任务逐级分解到各市（地）、县和重点企业。要加大执法和处罚力度，公开严肃查处一批严重违反国家节能管理和环境保护法律法规的典型案件，依法追究有关人员和领导者的责任，起到警醒教育作用，形成强大声势。企业必须严格遵守节能和环保法律法规及标准，落实目标责任，强化管理措施，自觉节能减排。对重点用能单位加强监督，凡与政府有关部门签订节能减排目标责任书的企业，必须确保完成目标；对没有完成节能减排任务的企业，强制实行能源审计和清洁生产审核。坚持"谁污染、谁治理"的原则，对未按规定建设和运行污染减排设施的企业和单位公开通报、限期整改，对恶意排污的行为实行重罚，追究领导和直接责任人员的责任，构成犯罪的依法移送司法机关。

### 3.动员全社会参与节能减排

推行绿色消费，倡导绿色生活，推动全民在衣、食、住、行等方面更加勤俭节约、绿色低碳、文明健康，坚决抵制和反对各种形式的奢侈浪费。倡导全民参与，推动全社会树立"节能是第一能源，节约就是增加资源"的理念，深入开展全民节约行动和节能"进机关、进单位、进企业、进军营、进商超、进宾馆、进学校、进家庭、进社区、进农村"等"十进"活动。强化社会监督，充分发挥媒体的作用，报道先进典型、经验和做法，曝光违规用能和各种浪费行为。完善公众参与制度，及时准确披露各类环境信息，扩大公开范围，保障公众知情权，维护公众环境权益。依法实施环境公益诉讼制度，对污染环境、破坏生态的行为可依法提起公益诉讼

# 第四章 绿色经济的支撑与保障体系

## 第一节 绿色经济支撑——绿色科技

### 一、绿色科技的概念与内涵

#### 1.绿色科技的概念

绿色科技是一个崭新的概念,自20世纪90年代产生以来,就得到较为广泛的应用。尤其是在2000年国际工程技术大会上,绿色科技已成为一个最热门的词汇。绿色科技的概念约定俗成地被社会各界所广泛使用,至今还没有一个统一的定义。

绿色科技的提出同科技的双刃性有关。当人类在充分享受工业文明伟大成果的时候,也不得不同时接受了这一伟大成果的副产品——环境恶化,甚至是生态危机,这是自然对人类的报复和惩罚。面对危机,人们开始反思,并在这样的积极反思中认识到科技在推动工业文明的过程中,也对人类生存与发展的环境造成了许多负面的影响,有的甚至是非常严重的影响。大气污染、臭氧层破坏、温室效应、水污染、白色污染、有毒化学品等等这些关系到人类生存与发展的重大环境问题,大部分都直接或间接地同科技有关,尤其是同化学化工的科技在生产中的应用有关。很多人因此将化学与环境污染直接联系在一起,认为化学是环境污染的罪魁祸首,凡有化学的地方就不可能有绿色。化学家们对此感到愤愤不平,当然这样的说法无论对于化学科技还是化学家,都是极不公平的。

绿色化学是指在整个化学反应和工艺过程中实现全程控制、清洁生产,从源头制止污染物的生成,在通过化学转化获取新物质的过程中实现零排放。它是更高层次的化学,它的主要特点是原子经济性，即在获取新物质的化学过程中充分利用每个原料原子，使化学从"粗放型"向"集约型"转变，既充分利用资源，又不产生污染，其核心思想是利用化学知识和技术从污染的源头开始预防污染，它是绿色科技概念在化学领域的体现，基本上包括了绿色科技的最主要特点：资源节约与不对环境产生污染。但这一概念过于理想化，零排放的"原子经济"在现实生活中很难实现，缺乏指导社会实践的实用性，也使得人们对这一概念的生态环境意义产生了怀疑。

绿色科技是一个相对的概念，它是随着社会的发展而不断变化的，具有一定的社会历史性。绿色科技是指在一定的历史条件下，以绿色意识为指导，有利于节约资源的消耗，减少环境的污染，促进社会、经济与自然环境协调发展的科学与工程技术。它包括了从清洁生产到末端治理的各种科学技术，既包括环境污染的治理，生态实用技术、绿色生产工艺的设计技术，绿色产品、绿色新材料、新能源的开发等具体技术，又包括环境与社会发展中的重大问题的软科学研究。它是一种以减少或消除科技对环境和生态的消极影响、促进人类的持续生存和发展为目的，有利于人与自然共存共荣，既促进社会经济发展又对生态环境无害的技术。

### 2.绿色科技的内涵与特征

对于绿色科技，可以从以下几个方面的特征中来把握它的内涵：

（1）绿色科技是既有利于生态环境又能促进社会经济发展的科技。对于绿色科技内涵的规定性上，绿色科技必须同时满足改善生态环境和促进社会、经济发展的双重要求。这两方面的内容缺一不可。

有利于自然和环境，这是绿色科技的应有之义，是绿色科技区别于其他科技，能称得上是"绿色"的必要内容。相对于一定时期的社会平均技术水平，相对于那些还无法达到国家或地区绿色指标的生产技术，绿色科技更能节约资源，或减少污染物的排放，因而有利于生态环境的改善。

除此以外，绿色科技还必须具有促进经济发展和社会进步的功能。绿色科技并不是回归原始的技术，原始农业技术并不是绿色科技。绿色科技是现代的科技，是应用高新技术来解决经济与环境的矛盾，通过高科技的手段来协调经济与环境、人与自然关系。

（2）绿色科技是一个动态的概念。绿色科技是一个相对的概念，它是相对于一定的绿色技术标准而言的。绿色技术标准受一定历史条件的制约，常受到社会平均技术水平、环境剩余承载能力、公众的绿色要求等因素的影响，是一个随着社会经济的发展而变化的变量。以绿色技术标准为参照物的绿色技术，也因此是一个动态的概念。事实上，在不同的历史时期，绿色的标准是不同的。如在我国，20年前煤是大多数家庭的燃料，为了保护森林，许多地方都大力推广以煤代木。但是，煤在燃烧后产生的$SO_2$严重污染了空气。而使用液化气做燃料产生的是$CO_2$和$H_2O$，那么相对于煤来说，后来的液化气技术就是一种更为清洁的技术，可以称作一种绿色技术。但是，无论是$SO_2$还是$CO_2$都是温室气体的组成部分。现在推广的清洁能源是太阳能，可以轻易地贮存和使用太阳能的新技术，就是现在的绿色技术了，而原来的液化气技术就不一定是绿色技术了。另外，环境所具有的剩余承载能力及公众对生态环境的绿色要求等条件，也同样会影响绿色技术标准的制定，进而影响绿色技术的界定。

（3）绿色科技必须以绿色意识为指导。这是从开发和使用目标方面对绿色科技应有的要求。科技本身是中性的，它只有以绿色意识为指导，才能发挥其绿色功用。再好的科学技术，若不以可持续发展的绿色意识作指导，就可能偏离绿色轨道，而且越高新的技术偏离轨道后产生的后果就越严重，如核技术，可以使地球毁于一旦。因而某种技术只有在绿色意识的指导下，服务于绿色事业，才能成为绿色科技。

总之，绿色科技是一个动态概念，既有生态环境方面的要求，又有社会经济方面的要求，而且只有在服务于绿色目的时才能真正被称为绿色科技。

# 二、绿色技术体系

绿色科技的范围非常广泛，有利于生产力、有利于资源节约和改善环境的技术都可以称之为绿色技术。可以把范围广泛的绿色科技分为清洁生产技术、环境治理技术、生态环境持续利用技术、节能技术、新能源技术等，它们构成了绿色经济发展的科技支撑体系。

## 1.清洁生产技术

清洁生产技术是指能够减少生产过程的环境污染，降低原材料和能源的消耗，实现少投入、高产出、低污染的新技术、新工艺、新的生产流程设计等。这种技术着眼于企业的整个生产过程、产品的整个生命周期或整个产品链，尽可能地把对环境污染物的排放消除在生产过程之中，力图从污染的源头防止污染的产生，实现增产减污。这种技术是一种最有前途的技术，比"先污染，后治理"的环境治理技术的成本要低得多，是更加先进的绿色技术。

清洁生产技术包括各种废气、废液、废渣的资源化技术及少废、无废工艺技术；再生资源回收利用技术；共伴生矿产资源综合回收利用技术；洁净煤技术；资源综合利用技术等。每一类清洁技术又可以再细分为许多种，如国际较通行、技术较成熟且已商业化的镀通孔的清洁生产技术就有无甲醛化学镀铜法、炭黑法、石墨法、导电高分子法及高分子墨水法等多种。

目前，清洁生产技术的着眼点已从单个企业延伸到工业园区，建立生态工业园区也可以看成是一种清洁生产技术。

## 2.环境治理技术

环境治理技术又称末端治理技术，是指对已有的环境污染进行治理和改善的环境工程技术。这种技术发展得更早，伴随着污染的产生而产生，种类繁多，是目前绿色环保技术市场的主流。如美国的脱硫、日本的垃圾回收处理、德国的污染处理等技术都在世界上遥遥领先，这种先进的环保技术为他们带来了巨额的环保技术收入。相对于清洁生产技术而言，环境污染治理技术代表着更为落后的理念。但由于目前的环境污染仍然是比较严重的，因而对这种技术的需求还是很迫切的。环境治理技术包括空气净化技术、污水处理技术、废物处理技术、噪声与振动控制技术、城市卫生垃圾处理技术等，现分别介绍如下：

（1）空气净化技术。目前较为常见的空气净化技术有：消烟除尘技术与装置，粉煤灰清洁技术，排放物的脱硫、脱凝技术，低污染燃烧技术，排放过渡技术，排放控制技术，溶剂再生、更新回收，工业废气净化设备，机动车尾气治理，空气污染监测技术与设备，等等。

（2）污水处理技术。污水处理技术主要有工业废水处理技术及循环利用技术，水质监测技术，有机污染处理技术，净化工厂技术，江河湖泊的氧气供应技术，江河湖泊清淤及污染治理技术，苦咸水淡化技术，膜技术与装置，滤材、滤料、水处理剂技术，等等。

（3）废物处理技术。废物处理技术主要有工业废物处理技术，废物热预处理技术，污物焚烧工厂技术，电吸尘技术，新型机械吸尘技术，有害有毒（化学、生物）废物的处理技术，城市废物垃圾处理技术，废物分类技术，等等。

（4）噪声与振动控制技术。噪声与振动控制技术是指测定、减轻、消除或控制的技术与设备，如汽车发动机除噪技术，等等。

（5）城市卫生垃圾处理技术。城市卫生垃圾处理技术主要包括卫生填埋、衬层材料与施工技术，渗沥液收集与处理技术，蒸汽收集与处理利用技术，堆肥与生化处理、堆肥处理技术，对堆肥产品制复合肥、有机肥、生物菌肥等深加工工艺与技术，城市生活粪便（未进入城市生活污水管道系统的）进行浓缩、脱水、除臭等处理的技术，各类废旧电池的处理回收技术，各类塑料制品的再利用技术与设备，各类橡胶轮胎的回收、再处理技术，各类特定废弃物（如餐饮业、医院的废弃物）处理技术，废弃物回收、储存、再循环、填埋技术，有害有毒废物的处理技术，城市垃圾处理技术，垃圾分类技术，等等。

### 3.生态环境可持续利用技术

生态环境可持续利用技术是指那些能够促进生态环境可持续利用的技术和方法，包括一些能够促进对生态环境规律认识的技术和减少对生态环境破坏的利用技术等，如流域治理与利用技术，平原风沙区综合治理技术，生态保护和生态监测技术，生态农业技术，珍稀濒危物种保护和繁衍技术，各种资源可持续利用技术，等等。

### 4.节能技术

节能技术是指能够节约生产生活中能源消耗的技术。包括工业锅炉窑炉的改造和节能技术，高效节能电光源、节能照明技术，节能型民用耗能器具技术，节能型空调、制冷技术，节能型机电设备，新型城市节水技术，节水农业技术，等等。

### 5.新能源技术

新能源技术是指能够促进开发、储存、利用新能源的科学技术。目前新能源技术主要有太阳能技术、核能技术、海洋能技术、风能技术、生物能技术、垃圾能技术、地热能技术、氢能技术等。


## 三、绿色科技是绿色经济的动力与支撑

绿色经济的发展是在传统经济模式不断向绿色转化的过程中实现的，而绿色科技是促进传统经济向绿色经济转变的动力，是绿色经济发展的强大支撑力。

### 1.绿色科技是资源型绿色经济发展的动力与支撑

（1）绿色科技可以提高现有资源的开采利用率，减少资源浪费。传统经济是一种粗放型经济，属于高投入、高产出的数量型增长，它的增长是以资源的大量消耗为代价

的，因而造成了资源的严重短缺。具体表现在：一是对现有资源的开发强度过大，许多地方采取了掠夺式开发，造成后备资源不足，资源的供求矛盾突出；二是资源利用率不高，浪费现象严重。如对不可再生资源煤的开发与利用存在严重的问题，受利益驱动，许多地方都办了小煤矿，大多采取掠夺式的经营方式，造成资源的极大浪费。究其原因，体制是一个方面，实用且低成本的绿色技术的缺乏也是重要的原因之一。因为这些小煤矿的资金少，没有能力提高技术水平，就不可能提高资源的利用率。

绿色科技在不可再生资源的节约方面有巨大的发展潜力。世界上每年需要消耗40亿吨煤，25亿吨石油，并且还以每年3%的速度增长，这已经造成多种金属矿产资源的日益匮乏，甚至枯竭。而煤矿资源回收率只有30%～50%，其余的绝大部分不但白白浪费，而且还危害生态环境。在我国，玻璃、塑料、橡胶的回收率分别为10%、20%、31%，这些都与开采、利用、回收技术密切相关。英国媒体在评选"人类最糟糕的发明"活动中，塑料名列榜首。媒体称，我们的地球已经变成塑料的星球，塑料袋已经无所不在，而且当我们离开地球时，它们仍然占据着地球，因为它们是永生的。

（2）绿色科技可以扩展资源的利用空间。从可持续发展的观点看，任何存在的东西都可以作为资源加以利用，这里的问题只在于没有相应的技术罢了。有些本来是非常有价值的资源，可以在多方面、多层次地加以利用，却由于受科技条件的限制，只是在比较低的层次上进行利用，或只是被限定在价值很小的用途上，或是被当作垃圾白白丢弃，有的甚至造成了环境的污染。如石油的用途是随着科技的发展而不断地被发现的，对石油的开发与利用程度也是随着科技的发展而不断深化的。当然，目前石油在生产和利用的过程中仍然存在着比较严重的环境污染问题，仍需要绿色科技来解决。同样，其他的资源也会有这样的情况，科技的发展会不断地把一些现在还不能利用的废物变成将来可以利用的资源，可以使一些现在已经被利用的资源扩大用途。这样既促进了经济发展，提高了人民的生活质量，也充分发挥了资源的价值，减少了环境污染，因而就促进了绿色经济的发展。

这样的例子是很多的。如苍蝇是人类特别讨厌的昆虫，一直被认为是害虫。但日本菲尔德公司却利用生物技术把它变成了环保卫士，并成功地把它应用到了建立环保型农业生产上。又如农作物秸秆原本只能作为农村的燃料，但随着农村燃料结构的变化，许多地方已经不再将其用作燃料了，因此有的地方就在田里烧掉。这样的处理方式，严重污染了空气，国家已经明令加以禁止。但实际上，只要有合适的技术，它就可以变成宝。随着现代菌草技术、养殖技术的发展，人们发现农作物秸秆是很好的培养基和饲料原料。

农村家庭制沼技术的进一步完善，秸秆—牲畜—沼气—农作物生态农业模式的发展，已使得农作物秸秆在有的地区变成了宝贝。

（3）绿色科技可以发现新型能源，为绿色经济发展注入新的动力。能源是现代经济的血液，传统能源如石油、煤的枯竭是制约经济发展的瓶颈，它的排放物还是环境污染的重要因素。绿色科技的发展可能会发现和利用新型能源，这些能源可能会更清洁、成本更低、储量更丰富，有的甚至可以永续利用。例如太阳能、潮汐能、风能、闪电的能量等都是可持续利用的清洁能源，用它们来替代传统能源，将为绿色经济的发展提供充足的清洁动力。又如核能技术的发展、海洋技术的发展和应用，也扩大了资源的来源，缓解了矿产和石油等资源对人类生存和经济发展的瓶颈约束。

**2.绿色科技促进了环境保护和生态平衡**

（1）环境治理的绿色技术的发展，可以提高治理效果。绿色治理技术主要是对已经产生的环境污染加以治理的技术，一般是指末端治理技术。20世纪60～70年代，这类技术在发达国家得到了很快的发展，各国纷纷加大了环保投资，建设污染控制和处理设施等，以控制和改善环境污染，取得了一定的成绩。但是经过几十年的实践后，人们发现：这种仅着眼于控制排污口（末端），使排放的污染物通过治理达标排放的办法，虽在一定时期内或在局部地区起到一定的作用，但并未从根本上解决工业污染问题，只是一种不得已而为之的措施。尽量预防污染的产生，才是更为合理的措施。因为任何污染的产生都必然会或多或少地对周围的环境产生一定的破坏，而且更为严重的是，有的污染在目前的技术条件下很难治理，或是可以治理但成本很高，有的还会产生二次污染。因此各个国家现在强调的是清洁生产技术。我国以防为主的环境政策也应当强调清洁生产技术，但末端治理的技术也是重要的。因为地球上已有大量的污染存在，即使从现在开始就实现了零排放，但已经存在的污染也会影响到我们的生活质量。况且现代的经济发展还是会或多或少地产生一些污染，有些污染可以被大自然迅速地净化掉，有的则日积月累造成巨大的危害。另外，有些意外的事故也会产生环境污染，如油轮触礁漏油就会对海洋造成污染。末端治理科技的进步，可以降低环境污染治理的成本，提高治理效果，以改善生态环境，促进绿色经济的发展。如湖泊污染的治理技术及小流域污染治理技术，为恢复和改善滇池、巢湖等地的生态环境起到一定的作用。

这表明，发展绿色治理技术，对改善生态环境是必不可少的，但也不能过于依赖这种技术，毫不顾忌地"先污染，后治理"，这就会对绿色经济的发展产生不利的影响。

（2）绿色生产技术的发展，可以促进清洁生产。随着可持续发展思想深入人心，人们已经认识到靠大量消耗资源和能源来推动经济增长的传统模式，是产生环境问题的根源。依靠补救性的环境保护措施，是不能从根本上解决环境问题的，转变经济增长方式才是解决环境问题的根本途径。然而，传统经济增长模式的转变是以科技创新为支撑和动力的，绿色科技是推动绿色生产的动力，而且只有低成本的绿色科技才能有效地推动绿色经济的迅速发展。因为绿色科技虽好，但如果它的成本太高，也是难以推广的。如化肥和农药会造成环境污染，但它的成本比有机肥和生物农药更低，所以新的肥料和防治病虫害的新技术还难以普遍推广和应用，制约了绿色经济的发展。

而绿色科技的进步，有可能产生新的不再产生污染的生产工艺，也可能发明一种新的技术，将以前难以利用的废弃物变成新的产品，减少垃圾，增加资源的综合利用率；还可能会形成一种新的生产流程，使各个企业之间的废弃物与原料互为补充，形成一种循环经济新模式，等等，这些都会有力地促进绿色生产的发展。

绿色生产技术是从生产的源头开始，在生产链的各个环节和产品的整个生命周期中，都考虑节能降耗，预防污染，尽可能地不给生态环境新的压力，是从源头上来进行环境治理，从根本上促进了绿色经济的发展。

（3）绿色科技的发展可以促进人类更好地发展生态生产力。经济的发展是社会文明与进步的物质基础，而不论科技如何发达，经济的发展都必然要消耗资源，也必然要对自然环境产生一定的影响。环境问题的关键只在于这种影响是否是在一定的限度之内。因为生态环境和自然资源，特别是可再生资源都具有自我恢复的能力，即环境容量和生态阈值。所以，关键是人类的行为要控制在这个限度内，不能超过生态阈值的界限，也就是适度的问题。如何掌握好这个"度"，首先要了解这个"度"是什么，即要掌握生态规律。人类对环境的污染和生态的破坏，在很大程度上是因为不了解生态规律而产生的盲目的行为。由于自然界万物之间关系的极其复杂性，一定时期的人类受到当时的科技条件的限制，不可能完全掌握自然规律，因此很难把握好这个"度"，进而可能对生态环境造成破坏。绿色科技的进步，可以提高人类观察自然和认识生态规律的能力，进而促使人类的经济活动更加合理，趋于绿色化。如森林资源的破坏，是人们的不合理利用所造成的，随着"3S"技术的发展及其在林业上的应用，人们就可以对森林资源进行实时监测，为森林资源的合理布局和利用及病害虫防治等及时提供准确的数据；而计算机技术的发展可以帮助人们处理这些数据，使人们有可能正确地把握森林生态系统的变化规律，提高森林经营能力和水平。

绿色技术的发展可以使我们在维持和保护生态环境的同时，最大限度地发展生态生产力，将潜在的生态生产力转化为现实生产力，促进绿色经济的发展。

### 3.绿色科技可以为绿色市场的顺利运行提供有力的技术支持

绿色经济市场的建立与运行是以绿色产品供给为前提的。绿色科技的发展，可以为市场提供大量物美价廉、品种多样的绿色产品，以满足日益高涨的绿色消费需求，提高人民的生活质量。

而且更重要的是，绿色科技的发展，可以为绿色市场提供及时、有效地进行绿色检测的技术手段，提高市场监管能力，以保证其顺利运行。因为绿色产品与其他产品的区别就在于"绿色"，但这个"绿色"需要一定的检测手段才能进行有效鉴别。如果缺乏这样的鉴别手段，就可能导致假冒伪劣的绿色产品充斥市场，这必然会影响绿色经济的发展。因此需要对绿色产品的市场准入进行适当的监管，以区别"真绿"与"假绿"，而这种区别又是以一定的绿色检测技术的发展为基础的。如果能够对食品的农药残留量进行及时、快速又准确的检验，人们就有希望吃上真正的放心蔬菜和其他农产品了。

## 四、加快绿色科技发展的对策

加强科学道德建设，强调绿色导向。科学技术的发展方向影响着社会经济的发展。科学技术研究，不仅属于个人、单位和国家，还属于整个社会，对科技的非绿色化利用，会给整个社会带来巨大的损失。科学家的科学道德问题就成为影响科技发展方向，甚至是影响社会发展的重大问题。因此，需要进行科学道德的建设，确保科技研究的绿色导向，使更多的科技工作者明确自身的工作职责和时代要求，以绿色科技观为指导，确保科技的绿色化发展。

拓宽绿色科技的融资渠道，增加绿色科技投入。现代科技需要大量的现代设备和人力作为基础，这需要大量的投入。而我国目前的经济发展水平不高，政府可供支配的财力是有限的，政府能用于科技经费的投入也是有限的。长期以来，绿色科技经费单单依靠政府的投入，必然会制约绿色科技的发展。所以应当采用多渠道、多种方式来吸引社会投资，吸纳海外资金投入也是一个重要的渠道。

加强产学研相结合，提高绿色科技的转化率。绿色科技应从市场中来，再到市场中去，而不能与现实需要脱节。政府应当加强引导，促进产学研更为紧密的结合，充分发挥产业、高校与专门的研究机构的优势，使有限的经费产生最大的效益。

政策导向，促进绿色科技的发展和内部平衡。科技政策首先要向绿色科技研究领域倾斜，从税收、财政、信贷、投资等各个方面为绿色科技的开发研究创造良好的政策环境，以促进绿色科技的发展。另外，绿色科技政策还应当向相对落后的地区倾斜，同时激励企业参与绿色科技的开发与研究，政府资金应加大对基础性科技的研究，使绿色科技开发的结构更加合理。

完善绿色科技创新的制度建设。一方面要加强绿色科技创新的激励制度建设，特别是知识产权制度建设，确保绿色科技开发承担者的创新利益，增强其进一步开发研究的积极性。另一方面要加强绿色科技创新的监督制度建设，形成有效的评价监督机构，对绿色科技创新活动进行监管和验收，尽量减少和避免学术腐败及科技的非绿色发展。

# 第二节 绿色经济保障体系——正式和非正式制度

## 一、制度与绿色制度

### 1.制度和制度结构

制度的概念和制度理论是在对传统经济发展理论的批判过程中逐渐形成和发展起来的，早在19世纪末就成为当时一个有影响的学派之一。进入20世纪后，制度经济学曾经沉寂了一个时期，科斯的交易费用理论促进了该学派的革命性变革，形成了与旧制度经济学有别的新制度经济学，并在20世纪90年代创造了新的辉煌，这一学派的代表人物诺斯、福格尔等人获得了经济学诺贝尔奖。当然，制度经济学的再次辉煌，既是理论变革的结果，也是实践的需要，尤其是对于那些处于从计划经济向市场经济转变的国家来说，制度经济学为社会的变革和新制度的建立提供了思路和方法。中国渐进式改革的成功实践，既为制度经济学的应用与发展提供了广阔的空间和舞台，也促进和推动了制度经济学的发展，丰富了制度经济学的内容。

在制度经济学的发展过程中，许多学者从不同的角度对"制度"作了不同的阐述，并给了制度以比较广泛的内涵。比较一致的观点是：制度是社会的游戏规则，是为规范人们的相互关系而人为设定的一些制约。这种约束包括人们所认可且为人们所自觉执行的非正式的约束，也包括政府规定的并建立了强有力的机制进行强制实施的正式约束。从本质上说，制度是一种公共品，是集体为了对个体行为进行控制所采取的行动，它是由生活在其中的人们选择和决定的，反过来又规定着人们的行为。

制度包括制度安排和制度结构两个层次。制度安排是一个局部性的具体制度，指的是管束特定行动模型和关系的一套行为规则，是经济单位之间的一种安排，被用于支配这些单位之间合作与竞争的方式。制度结构则是一个整体性概念，指的是一个社会中正式的和非正式的制度安排的总和。

### 2.绿色制度

绿色经济的发展要求社会成员及组织要以可持续发展的标准为自身的行为准则。对于企业来说，则要求其在生产经营过程中，树立绿色经营理念，推行绿色生产，进行绿色营销，积极采用绿色新技术、新工艺，以节约资源、减少经营过程对环境及产品的污染；努力建设绿色的企业文化，促进绿色的思想观念的形成，以推动生活方式和生产方式的绿色化进程。对于其他社会成员和组织来说，也都有一个如何接受和推进社会交往方式和生活方式的绿色化的问题，应进行绿色消费，以达到可持续发展的要求。为此，就需要有一定的规则来约束企业的经营行为和人们的消费行为。绿色制度就是指根据可持续发展的要求，为促进绿色经济发展所作出的各种制度安排，如资源节约计划、排污费征收的规定、"一控双达标"制度、各种环保法规等。绿色制度创新是指对绿色制度因素进行新的组合使之较原有组合能创造更多的产出（价值）。这里的价值是可持续发展的价值，既有经济的内容，也有资源与环境的内容。

### 3.绿色制度的特点

绿色制度涉及经济发展与资源、环境保护的问题，它除了具有一般制度的共有特性外，还有其独特之处：

（1）绿色制度的外部性强，协调成本大。外部性是指有些成本或收益对于决策单位是外在的事实。环境问题的经济根源在于其"外部不经济性"。绿色经济中的外部性有两种，一种是环境污染的负外部性，另一种是环境改良的正外部性。负外部性影响主要是企业的生产过程对环境造成了污染，如钢铁厂排出的气体污染了空气，影响了周围的居民生活及身体健康，居民的肺病发病率上升，因而增加了医药费等。但钢铁厂没有将这种给周围居民带来的损失计入自己的生产成本，这是社会福利的一种损失。正外部性影响主要是企业改良了生态环境，如学校在校区内植树，成片的树林能改善空气的质量，使该校周围的居民和企业有了更加良好的环境，由此而获得利益。

制度的实行是需要成本的，解决环境外部性的协调成本同环境外部性的影响范围大小有关。有些环境外部性的影响范围甚至会跨越国界，成为国际问题，如温室气体的排放，就会影响到全球的气候。因此它所涉及的范围之大、利益相关者之多，又没有像国家这样的权威性机构，使得解决国际环境负外部性问题的成本非常之大。

（2）效益的多样性与定量的困难性。企业是以经济利润为目标的，它在向绿色转变中会为社会带来大量的社会与生态效益。但这种为社会所得的效益是难以计量的，而企业的绿色化转变则是需要支付成本的。矛盾因此产生，企业现行财务核算的基本假设之一就是货币计量，使地方政府和企业从自身利益出发都会更加侧重于经济利益，也使得进行相关的监督变得更为困难。

（3）效益的长期性。进行绿色转变的制度的效益具有长期性的特点。长期性，即通过以后长期的生产经营体现出来，并获得收益的。如树立绿色企业形象，需要通过长期的努力，且要投入大量的成本才能达到这一要求，能否获得收益是未来很长一段时间以后的事情。时间越长，这种不确定性就越大。在贴现率较大的情况下，这种未来的收益的贴现值会变得较小，而且不稳定，这在某种程度上就会阻止企业进行相关的绿色转变。这就是现在只有少数较有实力、富有远见的企业才会主动培养自身的绿色企业形象的主要原因。

# 二、绿色制度的主要类型及内容

为了促进绿色经济的发展，各国都采取了一定的措施，形成了多种多样的制度。对于绿色制度，不同的机构和专家有不同的归类方法，如世界银行就依据制度对绿色经济的作用的不同，对各国的绿色政策进行归纳，并将它们分为四类：

## 1.绿色规范制度

绿色规范制度是指用来规范和约束各个行为主体的经济活动的一系列规章制度。它是由行政手段、市场经济手段和意识形态手段三个相辅相成的部分组成的。

（1）行政手段。这种手段是以政府的行政命令、法律法规或标准等形式对经济活动进行的强制性管理，它包括资源与环境法律法规、强制性标准管理、绿色禁令、许可证与配额等制度形式。

强制性标准管理制度是由政府制定一系列的绿色标准，并采用行政性的手段加以强制性地执行。如取缔工程项目绿色达标制度就属于这种制度。

许可证制度和配额管理制度。许可证制度是政府对一些活动采取许可证的管理制度，没有取得许可证的就不得进行，这种规定在进出口贸易中比较常见。它常常和配额管理制度相联系，所谓配额管理是指在一定时期内对某一活动规定一定的数量范围，在此范围内，不加以处罚，超过这一范围加以较为严厉的处罚，如征收高额税费、罚款等。在绿色经济中，对排污权管理就是采取这样的制度，并已经取得积极的效果。

（2）市场经济手段。市场经济手段是制定相关的经济政策，通过市场的运行来实现资源与环境外部成本的逐渐内部化，进而促进企业向绿色化转变。这种政策具有作用直接、效果明显的特点，目前已成为企业绿色制度的主要部分。有关问卷调查表明，企业环境技术创新项目中有38.6%是以此为动力源的。主要包括收费政策、补贴政策、排污权交易等制度，以及其他一些辅助性经济措施。

收费政策是最常见的环境经济政策，包括污染收费和投入收费两种。污染收费是依据"污染者付费"的原则而建立起来的一种事后控制污染的经济管理手段，其收费的对象遍及所有的排污企业、组织及居民，这里的污染包括废水、废气、固体废弃物、噪声等。这一制度的执行者是环境管理部门，它通过对环境污染造成的损失进行相关测定后，规定出所应收取的费用，以用于环境的治理。目前主要有排污费、垃圾处理费等。

投入收费是一种事前控制行为，是对那些在生产和使用中会严重浪费资源，或对环境造成污染的产品和行为以税收等形式进行经济制约。这种政策特别适用于那些使用者比较分散、污染难以监督和治理的产品，有资源税、燃料税、污染产品税、生态环境补偿税等多种形式。资源税主要是为了提高资源价格，促进技术改进，节约资源利用或换用新型的低污染的资源而征收的。燃料税主要是为了减轻大气污染而征收的，通过实行燃料税差别政策，以鼓励人们使用污染少的新型燃料。污染产品税是指对在使用过程中会造成环境危害的产品所征的税，如化肥、农药等。生态环境补偿税是对开发利用生态环境的受益者所征收的一种税，以用于补偿维护或恢复生态环境破坏的费用，如自然资源开发税、土地增值税、下游对上游的生态补偿费用等。

补贴政策是对企业进行节约资源和治理环境污染的行为进行经济优惠或补贴，以鼓励此类行为的再发生，包括直接补贴和间接补贴两种形式。

直接补贴是直接通过财政拨款、贴息贷款、直接补助等形式，来激励企业减少污染量的排放或促进其转变生产方式。

间接补贴是通过财政、税收、信贷等优惠政策来鼓励企业进行绿色化转变。

建立排污权交易市场。为解决环境收费标准难以确定、政府在管理排污权方面的信息有限性及由此产生的"寻租"行为等问题，建立了排污权交易市场制度。它的目的是通过市场竞争来达到环境利用效率最大化，促进企业在环境污染需求上的公平竞争。

其他形式。包括押金制、执行保证金制度和环境损害责任保险制度等。

押金制是指对可能造成资源浪费或环境污染的产品加收一定的押金，如果把这些潜在的污染物送回收集系统以避免污染，则将押金返还。这种形式简单易行，如汽水瓶、啤酒瓶等的回收利用，不过这只是企业为了节省资源成本而进行的决策，并没有真正从环保的角度来考虑。也有学者对电池、农药瓶等实行环保押金制度进行研究。

执行保证金制度是指在从事生态环境治理活动之前，向政府及有关管理当局交纳一定的费用，当该活动圆满完成后可以将该保证金取回。如我国在80年代有过规定，在采伐森林时要从木材售价中暂扣一定比例的造林保证金，由林业管理部门监督，用于迹地的造林更新，这一制度在当时对森林的恢复起到了积极的作用。

环境损害责任保险制度是指由保险公司向污染者收取保险费，并约定保险的责任范围和保险额度，当企业由于意外原因造成污染，其相应的经济赔偿和治理费用将由保险公司承担。

（3）意识形态手段。同行政手段不同的是，意识形态手段并非由政府强制执行，而是通过影响人们的意识形态等非正式制度来达到目的。它的主要形式是绿色教育和绿色宣传制度，如开展环保教育，增强企业家的环保意识，减少生产中的资源浪费和环境污染；普及环保观念，建立符合我国国情的"适度消费、勤俭节约"的生活消费模式；加大绿色消费宣传，对公众舆论进行导向和监督，扩大人们的绿色消费意识，增加绿色消费需求，通过需求来引导生产方式的转变，促进清洁生产的发展。现在大家对这种手段的重要作用有了越来越深的了解，相关的制度和行动越来越多，形式也逐渐多样化，如环保夏令营、保护母亲河行动、曼谷的"垃圾银行"活动等都收到了较好的效果。我国的"义务植树"活动也是非常成功的。

## 2.绿色监督与公开制度

绿色监督制度是指对企业执行绿色规范制度的情况进行监督并将之公开的制度。它不但包括绿色规范制度的日常监督与管理制度，还包括将这些信息公开的一些制度。绿色规范制度的日常监督与管理制度与其他规则的监督与管理制度没有太大差别，在此不加以阐述。

利用信息公开的方式进行监督的制度较为特殊，它并不强制企业达到什么要求，而只是制定一些非强制性标准，由企业主动提出申请的方式，并通过社会公证机构对企业是否达到此类标准进行鉴定，并将相关信息予以公布。它的实质是通过社会鉴定将企业的绿色信息反馈给社会公众，减少社会公众搜寻此类信息的成本和信息不完全带来的不利影响。通过这种鉴定的企业，能和其他企业区别开来，便于社会公众识别，进而能获得更多的权利或收益，如市场准入制度和生态标志的认证制度。

（1）绿色市场准入制度。绿色产品是有利于人们身体健康和资源节约、环境保护的产品。为了确保绿色产品这一特别的品质，需要制定绿色产品的市场准入标准，以一定的标准，并通过一定的行政管理手段来执行，把那些不符合标准的产品拒于市场之外。把好市场准入的关口，是促进绿色经济发展的重要途径。如果没有这个市场准入的关口，让大量的假冒伪劣的"绿色产品"充塞市场，就会严重地影响真正的绿色产品的销售，进而影响绿色经济的发展。绿色市场准入制度包括两个方面的内容：建立专门用于销售绿色产品的市场所需要的相关政策、措施；为所有进入市场的产品提供一个基本的绿色标准，以防止那些对社会和环境危害严重的产品进入市场所需要的相关政策和规定。

（2）绿色或生态标志的认证制度。这种制度强调了自愿原则，虽然绿色经济与传统经济有着质的不同，绿色产品具有不同于一般产品的特点，但由于建立一个专有的绿色市场需要的成本很高，所以绿色产品有时是同一般产品共同存在于同一个市场中，这就需要另外一种制度来对绿色与非绿色的产品进行区分，绿色或生态标志的认证制度就应运而生。绿色标志的认证是指对绿色企业或产品制定了一系列的标准和条件，并按照一定的程序进行严格的考核，达到标准要求的，就颁发一定的标志或证书，这样就能对绿色的企业与产品进行规范的管理。在国内影响较大的是绿色食品认证制度，在国际上则是有机食品的认证制度。

绿色食品认证是国内已经采用的绿色认证制度，分为 A 级（符合特定的标准）和 AA 级（不允许在生产过程中使用任何化学合成品）。有机食品的标准要求比 AA 级更高，除了必须符合 AA 级的标准之外，还对原料的生长环境有较高的要求，如高标准的土壤等。通过绿色食品认证后，可以获"绿色食品"标签，以区别于其他的非绿色食品，也方便了消费者的选购。

**3.绿色核算制度**

绿色核算制度是对绿色经济运行结果进行核算和评价的制度。绿色核算制度把资源、环境资本纳入国民经济统计和会计科目中，用以表示社会真实财富的变化和资源环境状况，向国家和企业反馈准确的绿色经济信息，包括绿色 GDP 的宏观核算体系、绿色会计的微观核算体系、绿色审计的再监督制度等三个部分。

## 三、绿色制度是发展绿色经济的保障

绿色制度是推动绿色经济发展的稳定力量，通过正式的、非正式的绿色制度，可以有效地约束各个经济主体的非绿色行为，以促进社会经济逐渐步入可持续发展的轨道，推动经济和社会的绿色化进程。

### 1.绿色制度是规范企业的绿色发展的保障

在市场经济条件下，企业的经营目标是利润的最大化，而这样的目标经常会与生态环境的保护相矛盾。在这种情况下，如果没有绿色制度约束，如果企业可以搭便车，不必为自己的行为所产生的外部性而支付成本的话，它就必然会为了实现利润最大化的目标，而不顾资源的破坏和环境恶化的结果，这是受利益驱动所必然采取的理性行为。但如果有相应的绿色制度，如有了污染付费制度，企业必须为外部环境损失负责，需要把外部性内化为内部成本，它就会重新调整自己的行为，朝着有利于环境保护的方向转变。假设某一企业生产一个单位 A 产品可以获得 300 元的利润，但会造成 350 元的环境损失，如果没有绿色制度约束，该企业会大量生产 A 产品，因为环境损失是由社会共同承担的，而利润是属于自己的。而如果对每一单位 A 产品征收 350 元环境补偿费，则该企业就会修正自己的行为。可见，绿色制度将有效地约束企业的非绿色行为。

强制性的绿色制度可以制止企业污染行为的产生。如国家对污染特别严重的小企业采取强制关闭的政策措施，就可以从根本上杜绝这种企业产生污染的可能。

绿色制度可以将企业对于自然资源与环境的外部性影响内部化，促使企业将自然资源与环境纳入企业经营管理的范围内，如按照污染者付费的原则制定的排污费制度、排污权市场交易制度、环境与资源的税收制度及生态补偿制度等都可以在不同程度上对企业经营的外部环境影响行为进行适当的约束。

### 2.绿色评价制度可以有效地约束政府行为

政府是制度的提供者。在经济主体多元化的市场经济中，各个经济主体的行为已经多样化，这就更需要作为社会利益代表者的政府提供各种制度以约束各经济主体的行为。而绿色经济作为一种新的经济发展模式，需要政府提供绿色制度，以诱导经济发展模式的转变。但政府制定制度的行为也需要有相关的制度约束，这就是绿色评价制度。这一制度的约束对象是政府本身，它可以对政府是否适时地提供了绿色经济发展进程所需要的绿色制度及其所提供的绿色制度是否是科学有效的等方面进行评价和考核。

科学的政府宏观政策是建立在充分信息基础上的。绿色评价制度能及时地提供更加准确有效的环境信息，可以使政府更加清楚自然资源消耗和环境污染情况，制定出更加合理有效的绿色措施，增强了政府的绿色政策和行为的科学性。

绿色评价制度将资源环境项目纳入了地方政府的考核范围内，可以防止经济至上的地方保护主义行为发生。企业的环保行为直接受当地政府的环保政策的影响，因此可以说，地方政府的经济保护主义行为是导致环境污染的重要原因。实施绿色评价制度，对地方政府的考核就不仅局限于经济方面，还包括自然资源消耗及环境污染情况，这将促使地方政府的行为从原来的经济至上主义转变为关注经济与生态环境的协调发展，进而制定出促使当地企业向绿色化转变的经济政策。

### 3.绿色制度可以有效地约束消费者行为

在绿色经济发展过程中，正式的和非正式的绿色制度的作用都是不容忽视的。

一些非正式的绿色制度，如风俗习惯、意识形态、社会公德等，在引导绿色生活方式的形成、促进消费等方面有着极其重要的意义和作用。它可以促使消费者将环境保护视为义务和时尚，自觉约束自己的消费行为，积极参与各种社会性的绿色行动，包括对各个经济主体实行社会监督，创造一个约束企业绿色发展的外部环境，进而形成促进绿色经济发展的重要社会力量。

一些绿色激励制度会约束消费者的资源浪费与污染环境的行为。如征收生活垃圾费的制度、资源税的征收制度等都是促进消费行为绿色化的行之有效的经济手段。

# 第三节 绿色制度的创新

绿色经济作为一种新的经济发展模式，是由原来的发展模式转变过来的，这样的转变需要有制度的创新作保障。因此经济发展模式的转变过程实际上也是制度创新的过程。而制度的创新是需要有成本的，制度变迁的方式受到制度创新成本的约束，制度变迁方式的选择实际上是对制度创新的成本与效益的比较与权衡的过程。制度本身是一种公共品，在绿色制度的变迁中政府有着不可替代的作用。

## 一、绿色制度创新的重要力量——政府

国家（政府）在制度变迁理论中历来占有较为重要的地位。正如诺思所说的："理解制度结构的两个主要理论基石是国家理论和产权理论。因为国家界定产权结构，因而国家理论是根本性的。"

### 1.绿色制度的创新需要有政府的支持

绿色制度创新中的主要问题是解决资源与环境的外部性问题。自然资源与环境的公共性较强，加上制度创新本身也具有很强的公共品性质，因而绿色制度创新是一个公共品的供给问题。

绿色经济取代传统经济是历史的必然，但由于信息和交易费用的存在，不能保证一个制度失衡会引发向新均衡结构的立刻移动。制度变迁发生在何时，在什么条件下，以及达到何种程度，是集体行动理论所提出的问题。企业在制度转变的过程中，存在着较大的搭便车与转移绿色制度创新成本诱因，自发情况下，绿色制度的供给将远远小于社会的最优需求量。

政府这一特殊的组织有两大显著特性：①政府是一个对全体社会成员具有普遍性的组织；②政府拥有其他经济组织所不具备的强制力。政府可以很好地降低由组织费用、

搭便车行为、不完善信息市场及逆向选择等引起的交易成本。因而政府在绿色制度变迁中，具有很大的优势，以至于有的学者提出了"经济靠市场，环保靠政府"的观点。

在绿色制度变迁中，政府的影响力表现在两个方面：一是影响制度转变速度的快慢，二是影响制度变迁的交易成本的大小。制度变迁的交易成本是非常之大的，按照制度经济学家道格拉斯·诺思的说法，制度耗费了大量的资本，在发达国家中，这一成本约占国民生产总值的一半。

### 2.政府与市场的关系—诺思悖论

在制度建设与转变中，没有政府的支持是不行的，但政府也不是唯一的力量。早在20世纪70年代，制度经济学家就发现了这里存在一个悖论：政府具有强大行政干预能力，可以减轻因市场不完善和扭曲所造成的影响，但政府干预市场又造成了更多的市场不完善和市场扭曲，这就是"诺思悖论"：政府在绿色制度的创新与变迁过程中，也存在这样的矛盾。

首先，政府作为一个实体，有其自身的利益。按照马克思的观点，政府是特定集团或阶层的代理人，它的功能就是保证统治阶层的利益。中国是一个社会主义国家，从实质上说政府是全体劳动人民利益的忠实代表，它的利益是与社会总效用一致的。但由于中央政府并不能全盘地参与所有事务，绝大多数职能是由多个地方政府去实施的。地方政府可能出于本地利益考虑，使得社会的总效用受到影响，这是国内地方保护主义根本原因的经济学解释。

其次，委托代理关系的存在，可能会扭曲政府的职能。政府只是一个抽象的实体，本身不能参与有关法规政策的管理。它只能通过政府工作人员去执行自己的职能，存在着一个委托-代理关系。作为代理人的政府官员也是理性的，也会从自己的利益出发，而他个人的利益可能与社会利益很不一致。这两种情况都会导致政府职能的失效（从社会效用最大化角度来看），有关改革的试验调查也充分证实了这一点。在许多地方，乡镇企业股份制改革的最大困难，并非来源于企业本身（产权无法界定、财务技术问题等），而是来源于乡镇和村两级干部或明或暗的阻力。

最后，统治者自行其是的权力、意识形态的僵化、利益集团的冲突和社会知识的局限等也会使政府在绿色制度创新中的作用失效，美国退出《联合国气候变化框架公约》就是迫于国内企业的压力。

### 3.政府在绿色制度创新中的作用

（1）政府在绿色制度需求方面的作用

第一，政府可以通过影响一些要素及产品的价格来刺激企业对绿色转变的需求。首先，政府掌握了大量的传媒与舆论阵地，还具有进行道德教育的优势。它可以加强对企业绿色变迁的宣传，影响人们的消费模式，扩大对绿色产品的消费需求，进而促进绿色产品价格上升，这样使得实行绿色变迁有利可图，从而刺激企业对绿色化制度的需求。政府加强对节约型消费模式的宣传，也可以减缓资源消耗的速度。其次，通过资源与环境税收的征收势必会使这一部分生产要素价格上升，导致使用这种要素的生产成本相对提高，这就降低了这种产品的市场竞争能力，就会迫使企业产生对绿色制度的需求。

第二，政府可以制定法令规则，确保绿色制度需求的顺利产生。如政府可以加强市场体系的管理与监督，打击假冒伪劣的绿色产品。这样，一方面可以使人们能放心地进行绿色消费；另一方面也使企业的绿色转变的利益得到保障，降低市场信息不完全性的不利影响。如ISO14000环境管理系列标准是将那些有能力进行绿色生产的企业与其他企业区分开来，在国际贸易中给以优惠的政策，使这种绿色转变的外加成本得到补偿和保证。在这类政策与规则的作用下，绿色转变的利益不确定性将会大大减少，企业进行绿色化转变的需求也会随之增加。

（2）政府在绿色制度供给方面的作用

第一，政府可以利用自己的优势，降低绿色制度供给的成本，拓宽可供选择的制度范围，以增加绿色制度的供给，从而解决绿色制度供给持续性不足问题。

第二，政府可以直接提供绿色制度供给，降低供给成本。如循环经济实施的关键是掌握有关各种产品、废弃物的容量的信息，以保证产品生产的连续性。由企业自己去搜集信息，寻找合作伙伴，并进行谈判，各种事前成本比较大。国家可以利用其所拥有的丰富的市场信息和财政税收特权、城镇规划等有利条件进行生态园区建设，将相关企业吸引过来，使得有效信息的范围相对集中，以减少各种成本，这本身就是一种绿色制度的供给。另外，城市垃圾的集中处理、污水处理设施的建设等也是绿色制度的直接供给。

第三，政府可以促进相应科学技术的发展，增强绿色制度的供给能力。技术与制度究竟哪一种更重要，这个问题一直是制度经济学争论的热点，在这里我们不必对这个问题加以深究，但有一点是可以肯定的：技术对制度的创新有重大的影响。绿色制度创新也是建立在一定科学技术基础之上的，如环境污染的定量化描述是与一定的监测与评定技术直接相联系的，如果技术上能很方便地进行测量与定量化描述，那么环境问题就不会像现在这样复杂了。可以说，在某种程度上，实现环境与经济的可持续发展的关键是大力发展环境科学技术。

## 4.政府在绿色制度创新中的角色定位

前面对绿色制度创新的特性及政府的特性的分析中可以看到，政府的定位对于绿色制度创新的方向、速度、路径都有很大的作用。正如胡汝银先生在研究中国改革所发现的那样：改革的方向、速度、路径等在很大程度上取决于拥有最高决策权的核心领导者的偏好及其效用最大化，改革过程中社会效益的增进是以核心领导者能获得更多的效用为前提的。因此，在制度变迁的不同阶段，政府的正确定位将会起到事半功倍的效果，政府应当成为绿色制度变迁的倡导者、服务者和监督维护者，而不能经常以直接指挥和行政命令等手段干预企业的生产经营活动，否则企业的绿色创新和转变的积极性就会大大降低，"寻租行为"将会大量发生。

（1）倡导者。绿色化是一种更为先进的生产方式，但由于"路径依赖"的存在，这种生产方式必须以传统的生产方式为制度转变的起点，而传统生产方式的利益既得者会阻止新的生产方式的产生。另外只有当单个制度安排的累积变迁达到一定的临界点，一个制度结构的基本特征才会变化，而且制度变迁的过程也是逐步演化的。现实的情况是，国内企业的信息水平与人力资本等都比较低，有的企业（特别是一些乡镇企业）对这种新的生产方式还不很了解，加上传统意识形态的刚性约束，进行这种转变的激励力度不足。这就要求政府利用自身的优势，进行教育宣传，倡导这种生产模式，并制定一些政策进行引导。这一角色主要体现在制度创新的初期。

（2）服务者。当企业产生这种转变需求时，政府就应当尽可能地给予及时的信息咨询，进行绿色转换所需要的人力资源培训，制定配套的制度等，为新旧制度的转换提供必要的服务，当好服务者。如许多企业对ISO14000认证的程序并不太熟悉，这时政府就应提供一个方便快捷的服务。目前，高昂的认证费用和繁杂的认证手续将很多想进行绿色认证的企业拒之门外。

（3）监督与维护者。制度的有效实行是与监督、管理分不开的，这就需要一个公正的绿色制度转换的监督与维护者。政府天然具有监督的公正性，而企业利益千差万别，当企业从自身的利益出发而可能危害社会利益时，作为社会利益代表的政府就应对其进行相应的惩罚，以确保整个制度转变的顺利进行。当制度创新体系逐渐完善，企业绿色转变步入正常轨道时，政府则应考虑到自身的知识限制，退出直接的创新，让地方和企业成为创新的主体，而自己则根据各地的创新绩效进行法官式的裁决。

当然，制度创新的各个阶段并不是截然分开的，政府的角色也应是一个综合体，即在同一时间段，政府应是倡导者、服务者、监督与维护者的三位统一体。

## 二、绿色制度的判断标准

绿色制度创新的目标就是选择设计合理的绿色制度，促使企业以最小成本（包括经济、社会、生态三大成本）实现绿色化变迁。这一目标包括两层含义：首先，这种绿色制度能使经济绿色化变迁顺利进行，即绿色变迁能够实现。第二，变迁的净收益最大化。绿色变迁的方式可能有多个选择项，但不同的方式所带来的收益及所用成本是不相同的，即变迁的净收益会有很大不同。影响绿色制度实施效果，主要有公平、效率、可操作性，因此应当以这三个标准来判断绿色制度的优劣。

### 1.公平性

绿色制度的负外部性大，一般说来制度的实施会使企业的成本增加。由于企业是自主经营的经济主体，彼此之间的竞争激烈，因而绿色制度的公平就显得非常重要。它不但会影响到制度本身的实施，还会影响到社会经济的发展。

绿色制度的公平性主要表现在两个方面：代内公平和代际公平。

代内公平主要是各国或地区之间，各种行业、不同的企业之间的利益均衡问题，这是绿色制度需要解决的重要问题。

第一，环境是全球共有的，特别像大气、海洋等流动性较强的环境资源，其影响的范围不仅在国内，而且会影响到国外，酸雨可以在世界范围内造成危害就是一个典型的例子。为了保护环境，减轻对本国环境的污染，各个国家都制定了相应的政策，如发达国家实施的"碳侵略"战略：他们鼓励资源消耗大、污染严重的企业转移到一些发展中国家。另外，环境问题的产生是一个历史积累的过程，发达国家的迅速工业化是以世界资源与环境的自净能力大量消耗为代价的，如何让他们为自己的过去负责任，也是全球绿色制度的一个重要内容。

第二，国内各地区之间的公平也是绿色制度公平性的一个重要方面，特别是环境联系较为紧密的大江大河的上游和下游地区之间的利益均衡问题尤为突出。因为这直接关系到一个地区的发展权与环境使用权的问题，地方保护主义使得这一问题更加复杂化。在这一方面不公平的制度将导致区域间的公共环境资源的过度使用和无人维护。

第三，共用某一环境的不同企业之间的公平是企业绿色制度公平性的主要体现，"污染者治理，使用者付费"则是这一公平原则的反映。这一原则的实施情况会直接影响到一个区域内产业的调整与发展，目前国内绿色制度实施中所产生的法律纠纷也大多出现在这一方面。这里最主要的是产权的界定问题，虽然科斯通过研究得出，在交易成本为零的情况下，产权的初始界定与社会效率无关，但这一定理的前提是交易成本为零的假定。显然，这种情况在现实中几乎是不存在的。因此这些企业间的公平实质上也是产权界定的公平性问题。

第四，同一产业链上不同企业之间的公平性也是重要的方面。现代经济是通过一个个长长的产业链连在一起的，相互之间的联系非常紧密。本来应当由某一企业承担的环境成本可能转移到它的下游企业，有的还最终会转移到消费者身上，而且会使穷人负担得更多。因而绿色制度能否解决这种公平问题也是很重要的。国外的有些学者专门对税收在整个产业链中所起作用的一致性进行了研究，以力求解决这一问题。

代际公平是当代发展与后代人的发展条件之间的公平问题。这是一个总体概念，当代人既有发展的权利，也有维护环境和资源，为后代人留下一个良好的发展环境的义务。

解决绿色制度的公平性问题主要是通过制度的制定与执行环节来保证的。在绿色制度制定时，应当让每个利益相关者都有机会参与讨论，并依他们的意见来确定制度的内容，这样制定出来的制度才会是相对公平的。当然要做到这一点是困难的，甚至是不可能的。因为绿色制度涉及的企业及社会成员的数量众多，其利益得失差异很大。因此制度产生的外部决策成本虽然为零，但决策的时间成本可能无穷大。所以在一般情况下，绿色制度的制定是按多数原则来通过的，多数的比例越大，它的公平性也越高。

### 2.效率性

除了制度的公平性外，还应考虑绿色制度的成本与收益，即效率性问题。效率性是绿色制度的生命力，反映了一个制度能给社会带来多大的效益，需要多大的成本。一人一票制的多数通过规则虽然较好地协调了公平与时间效率之间的矛盾，但由此而选择的制度并不一定是社会效用最大化的选择。如甲、乙、丙三个企业参与对 A、B 两种污染治理方案进行选择：A 方案为由丙企业进行污染的治理与维护，B 方案为由甲、乙两企业合作起来治理污染；在 A 方案下甲企业可得 30 个单位效用，乙企业可以获得 40 个单位效用，丙企业可得 10 个单位效用，B 方案下甲企业可得 10 个单位效用，乙企业可以获得 5 个单位效用，丙企业可得 100 个单位效用，若按社会效用最大化的标准来看，B 方案较好，可得 115 个单位效用，A 方案次之，只能得到 80 个单位效用。但如果甲、乙、丙三者之间进行协调的成本大于35，三者之间的合作便不可能，这就使社会总效用受到损失。

### 3.可操作性

可操作性是指制度在目前的技术条件与社会环境下，是否容易得到执行。由于环境的效用难以评价，环境污染的危害性难以准确测定，绿色制度的操作性就显得尤为重要。再好的制度，难以操作就等于零。除了绿色制度本身的制约因素外，影响其可操作性的还有本地的技术条件和社会环境等，一些在国外效果很好的绿色制度到了中国就变了样，主要也是因为这些制度是针对国外的情况来制定的，与国内相关的因素不大配套，就影响了它的可操作性。因此只有结合我国的实际来制定的绿色制度才具有可操作性。

## 三、绿色制度变迁的方式

绿色制度变迁的方式多种多样，不同的变迁方式的侧重点有所不同，从不同的角度可以有不同的分法。国内许多学者对我国的改革方式进行研究，并据此提出了多种制度变迁分类方法：①林毅夫从"需求—供给"的角度将制度变迁方式分为诱致性变迁和强制性变迁，但这一理论并不能解释绿色变迁中那些既非政府强制执行的，也不纯粹由企业自我设立的绿色制度变迁形式，如ISO14000环境管理系列标准。②杨瑞龙从改革倡导的主体不同将制度变迁分成三部分：供给主导型、中间扩散型和需求诱致型，提出了地方政府具有制度创新的主体优势的"中间扩散型"制度变迁方式理论假说。③黄少安对此假说提出批评，认为中国制度变迁的过程及不同制度变迁主体的角色及其转换远非"三阶段论"那么简单和分明，基本上不存在所谓的"三阶段论"。也并不存在一个相对独立的"中间扩散型制度变迁"阶段。他根据不同主体对制度的支持程度，提出了"制度变迁主体角色转换说"。但这一理论主要侧重于区域制度变迁的研究，并且没有提出一个一致的制度变迁方式划分标准。④金祥荣等在总结"温州模式"及浙江改革经验的基础上，提出了"多种制度变迁方式并存和渐进转换假说"，把制度变迁分为供给主导型、准需求诱致型和需求诱致型三种，主张走多种制度变迁方式并存和渐进转换的改革道路，把思想等意识形态的摩擦成本引入了制度分析。史晋川等人在此基础上，提出了"制度创新均衡价格"假说，将划分进一步细化。但他把意识形态摩擦成本与经济利益摩擦成本截然分开是值得商榷的。

由于绿色制度变迁中，国家将自身的意识形态标准和价值标准传递给企业，传递过程的最大区别就在于国家和企业在这一转变过程所起的作用及两者之间的关系不同。我们按照这一最大的差别将绿色制度变迁方式分为三种：强制供给型、政府导向型（或企业自愿型）和需求诱致型。在这三种方式中政府的强制力依次减弱，而企业的主动性依次增加。

### 1.强制供给型绿色制度变迁

这种制度变迁方式是由政府进行制度创新、实验，在取得一定经验时，强行推向社会，勒令企业接受。这种方式主要是考虑到分散的企业个体进行制度创新应用的成本过大，且生态效用的自然内部化需要很长时间，政府进行强制执行的社会成本更低。但由于这种方式由政府强制推行，会导致利益格局变动较大，所受到的阻力也很大，加上政府受"诺斯悖论"的约束，可能对社会的整体利益不利。因而，大多数情况下，政府是采取"渐进式"的方式，并通过多次的"集体选择"（听证会、人大讨论等形式），有的是在一部分地区进行试点，使绿色制度本身尽量公平和符合当时的实际情况，以便减小社会阻力的影响。如征收资源税、环境污染治理费用等，都是先通过多方面的讨论，进行试点，然后逐步推广和提高征收水平。

### 2.政府导向型绿色制度变迁

在这种方式下，政府制定一定的制度，使由自然资源与环境引起的外部性问题内化到一个较小的范围内，纠正范围内的市场扭曲，形成一种"俱乐部"的形式来引导企业绿色化，对企业并不采取强制措施，由其根据自身的需要来决定参与还是不参与。这种方式实际上是强制供给型与需求诱致型两种变迁方式的折中与结合，很好地解决了"诺斯悖论"与"搭便车"之间的矛盾。但它只有在一定的条件下才能做到这一点：①这种"俱乐部"对企业要有一定的吸引力；②这种"俱乐部"可以很好地排外，即排外成本较低。

### 3.需求诱致型绿色制度变迁

这种绿色制度变迁方式是指存在着在原有的生产制度下不可获得的额外利润，而且这种额外利润不用政府的干预也一样存在，对企业的吸引力较大。在利益的诱使下，企业主动调整自身的行为方式，来获取这种额外利润，同时也改善了环境。可以说，这种绿色变迁方式是企业追寻经济利润的副产品。它和政府导向型绿色制度变迁方式的主要区别是没有政府的引导或维护。一般说来，这种制度变迁的组织协调成本小，不用政府的干预，企业自身的制度变迁收益就会大于其变迁成本。如在一定条件下，企业发现对其生产的废物或下脚料进行利用可以获得较大的利润，那么它就会进行投资，将这种原本是垃圾的污染物作为原料来进行生产，在获得利润的同时减少了垃圾。

另外，这种绿色变迁方式，还有一种很重要的表现形式——循环经济。在两个或两个以上的企业中，一个企业的废弃物与其他企业的原料是互补的，这几个企业就可协商联合起来生产，组成一条较为完整的生产链，各方都可以获得利益，又减少了环境污染或资源消耗。

大多数企业对这种变迁方式都很感兴趣，它不但可以使企业的污染减少，又可以降低企业的生产成本，增加企业的竞争能力。按这种方式进行绿色变迁的社会阻力很小，有的学者认为实现可持续发展最为根本的举措就是这种方式，即实现循环经济。然而，一条较为完善的产业的畅通信息搜寻成本可能很大，而且产业链越长，涉及的企业越多，由此导致的组织协调成本越大。另外，各种废弃物的利用是以一定的技术水平为基础的。在目前的技术条件下，有的废弃无法利用或利用的成本非常大，甚至大于收益，使得这种绿色制度变迁方式的应用受到了一定限制。发展绿色科技和促进企业之间的信息沟通是政府对这种方式的一种很好的补充和帮助。

这三种绿色制度变迁方式各有优缺点，互为补充。它们并非按时间序列进行排列，可以同时存在，同时作用于同一个企业，而且在一定条件可以相互转化。如生态工业园区的建立就是使企业的绿色变迁方式由需求诱致型转成了政府导向型。只有根据企业的实际情况，综合应用这三种绿色变迁方式，才能收到事半功倍的效果。

# 第四节 绿色评价与核算制度

## 一、绿色会计

环境的污染物大约有 80% 来自企业，因此如何把自然环境的消耗纳入企业这一微观层次的核算体系中，既是建立"绿色 GDP"宏观核算体系的需要，也是企业实施绿色经营、发展绿色经济的需要。因而，不管是从国家实施可持续发展战略的角度，还是从企业自身发展的角度，对企业的核算体系进行研究，提出与"绿色GDP"相适应的核算体系——绿色会计制度，都是十分必要的。

绿色会计又称环境会计，是由会计学、环境科学、现代经济理论和可持续发展理论等多门学科相互渗透、相互结合而形成的新兴的交叉学科。它运用了会计学的基本方法，以货币为计量单位对企业在生产中所消耗的自然资源、人力资源和生态环境等资本的成本价值进行记录和核算，从而达到全面反映企业生产的社会效益。绿色会计的实质是对与自然资源和环境状况有关的信息进行确认、计量，纳入会计成本，以会计特有的方法，核算企业生产经营的成果和社会效益，并向企业外部或内部的利益相关者进行报告，以促使企业有效地开展环保工作，与自然保持和谐的关系，实现可持续发展。

### 1.传统会计报告的弊端及其影响

（1）传统会计报告的弊端。根据可持续发展的理念，企业不仅是一个经济责任主体，还是一个环境责任主体，应承担一定的生态环境的社会责任。但传统财务报告中存在的最大问题就是侧重于反映企业的经济受托责任，而忽视了企业的环境受托责任，环境信息严重不足。具体表现为：没有在会计报表中单独列示出与自然资源消耗、环境污染和治理有关的费用、成本支出及收益；普遍存在着低估环境负债的现象；也没有在会计报表附注中披露环境责任方面的信息等。由于企业没有在会计报告中反映出有关环境的信息，实际上就没有反映出企业所应承担的全部社会责任。现在，随着可持续发展战略的实施，企业的环境受托责任将会得到强制执行，那么由于会计报表没有能够反映出与企业经营有关的环境信息，实际上就掩盖了这方面的真实情况，掩盖了企业可能负有的潜在的环境债务，结果会使财务报告的使用者也因为不了解信息而做出错误的决策。

（2）传统会计制度不利于促进资源的优化配置。传统会计制度不反映企业的环境信息，因此不利于促进社会资源的优化配置。可持续发展要求企业以"效益优先""资源节约""环境友好"等绿色要求为导向，转变传统的经济增长方式，实现产业结构调整，促进社会资源的优化配置。会计报告中环境信息的缺乏，就会掩盖企业存在的环境污染严重或资源消耗严重的问题，使投资者可能因无法了解企业的环境信息，而将资金等社会资源投入污染严重的行业，这样就加重了环境污染，从而会误导社会资源的流向。另外，当国家制定出更加严格的环保政策时，这些企业就可能因不符合环保要求而关闭，给投资者造成巨大的损失，也扰乱了社会资源配置的秩序。

（3）传统会计制度不利于实施可持续发展战略。

首先，传统会计制度不利于环境问题的社会监督。企业在承担一定的环境受托责任时，一般都需要一定的费用支出，在会计报表上反映为企业一定的负债或利益流出。这是对企业自身利益的一种扣除，因此在没有外部社会监督的情况下，企业必然会从自身的经济利益出发，尽量逃避环境责任。实施可持续发展战略就要求社会制定相关的制度，并加强对企业应负的环境受托责任的社会监督。但这种社会监督是以一定的信息为基础的。财务报告是企业向外公布信息的主要载体，环境信息的缺乏，造成了社会监督的困难，为企业利用环境信息不对称来逃避环境责任提供了机会。另外，没有大量的信息支持，政府所制定的政策可能会出现差错，这不利于社会可持续发展的顺利进行。

其次，传统会计制度也不利于企业的可持续发展。会计报告中没有将企业的资源与环境信息单独加以反映，使企业的管理者不可能清楚地了解企业的环境成本支出与收益，增加了生产决策的盲目性。而企业的环境成本最终是必须由企业来支付的，因为国家已经制定了可持续发展的战略，环境保护法规和环境标准已日趋完善，这些潜在的环境问题迟早会显现出来，并将对企业的发展产生长期的影响，甚至可能会危及企业的生存。而如果企业的决策者能够获得有关环境的充分信息，就有可能采用事前规划法来优化企业的环境成本管理，进而达到一个双赢模式，既可以防治污染，又可以降低成本。因此，环境信息的缺乏必将影响企业长期的持续发展。

### 2.绿色会计研究进程

国际上绿色会计的研究开始于20世纪70年代，它是由"绿色GDP"的研究而引起的，以比蒙斯在1971年发表的《控制污染的社会成本转换研究》和马林在1973年发表的《污染的会计问题》为标志。

20世纪90年代是绿色会计得到较快发展的时期，并逐渐发展成为一门独立的学科。

1993年，联合国对跨国公司的环境管理进行了调查，结果表明，就总体而言，被调查的跨国公司在公布环境资料方面采取了低调的态度，这引起了世界的关注。

1995年，有关"国际会计和报告标准"的政府间专家会议胜利召开，围绕着"对各国环境会计法律法规情况调查""有利和有碍于跨国公司采纳可持续发展概念的因素""跨国公司年度报告中对环境事项的披露""跨国公司环境绩效指标与财务资料的结合"等环境会计专题进行讨论。该会议的召开标志着环境会计的国际合作与研究已经开始。

1999年，在美国华盛顿召开了第一届环境会计的国际会议，有15个国家和国际机构的代表参加，会议讨论了环境成本计量、确认、报告等问题。

在绿色会计的实施方面，日本走在各国的前面。2001年2月，日本发布了《环境报告书准则（2000年度版）——环境报告书制作手册》，率先制定了统一的环境报告规范和标准。

许多国家也相继制定了各种不同的环境会计政策：如美国证监会要求公开发行股票的公司提示其所有的环境负债；挪威要求在会计年报中必须揭示企业对环境造成的影响及企业所采取的措施；荷兰则提出可以将与环保措施有关的一切费用从应税收益中扣除；巴西建议企业报告环保投资，对企业无法解决而又影响较大的环境问题应作为负债处理。

在实施可持续发展战略的今天，绿色已经成为企业发展的必然选择。为了建立绿色经营系统，也为了与国际绿色会计接轨，我国财政部已经于2001年3月成立了中国会计学会环境资源会计专业委员会，并于2001年11月召开了首次学术讨论会，以促进绿色会计研究的深入，推动这一制度的建设。

（3）加快推进我国绿色会计制度建设。目前企业对于绿色会计制度的需求不足，这就决定了由市场进行自发的制度变迁的可能性不大，要依靠如此微弱的推动力来促进绿色会计制度的形成，需要相当长的时间。因此必须加快推进绿色会计制度的实施。这一方面要求政府选择强制性的方式来推进制度变迁，以政府的行政力量为主来推动绿色会计制度建设，并分步实施。另一方面，则是必须超前进行理论研究，建立一套更加合理又可操作的会计制度体系，为绿色会计取代传统会计提供理论支持。

因此，结合我国国情，加强企业绿色会计理论研究，建立一套与其他环保法规相配套的会计制度等，对于绿色会计制度的建设与推广，都具有十分重要的意义。

### 3.绿色会计体系

（1）应遵循的基本原则。绿色会计是通过会计核算来反映企业的资源消耗和环境污染的状况，并由此来约束和强化企业的环保责任。建立绿色会计制度应遵循以下原则：

循序渐进的原则：建立一套完整的绿色会计体系是一个十分复杂的过程，目前还有许多理论问题尚未解决，而且它的推广更是涉及多方面利益的调整，因此这必然是一个长期而又复杂的过程。应当遵循循序渐进的原则，先易后难，通过试点积累经验，然后逐步推广和深化。

多赢原则：绿色会计体系的建立会涉及许多利益调整，因而在建立的过程中不但应兼顾经济、环境与社会的利益，还要注意保护各个相关主体的利益，争取达到多赢的目的，这样才能减少绿色会计制度建立过程中的阻力。

边界推进原则：绿色会计的体系复杂，每个科目之间的关系复杂，关联性比较大，如果处理不当，很容易造成混乱。所以应当从相对明确和简单的科目入手，逐步推进，最终达到彻底改造传统会计系统的目的。

强制与自愿结合原则：各个会计主体的情况不同，各地的发展水平及资源与环境情况也不一样，因而在建立和实施绿色会计制度时，应有一定的灵活性，在会计科目的设计和实施中，可以分类进行，采取强制性项目与自愿性项目相结合的原则，即"双轨制"。对一些影响重大的，需要统一实施的披露项目可以强制执行；其他的可以采取激励措施，让企业自愿进行相关的信息处理，这样才能保证全国会计数据的可比性，也可以照顾到一些特殊情况。

（2）绿色会计假设。会计假设是进行会计核算的前提。绿色会计具有和传统会计不同的假设，除了具有会计分期、持续经营、会计主体（有的学者认为，绿色会计的主体是政府或企业与政府两个）外，还应有可持续发展及多重计量假设。

可持续发展假设是指进行绿色会计核算时，必须以企业进行可持续发展为基本前提，也就是企业要以可持续发展的标准来要求自己，而不是单纯追求经济利润的最大化。在这样的假定下，会计主体不但要考虑经济责任，还要考虑资源责任和环境责任，以经济、环境、社会三种效益总和最大化为企业经营目标。

多重计量假设是指企业进行会计核算时可以同时采用货币和实物、达标等非货币形式进行价值计量。由于对资源与环境的价值进行货币化计量目前还存在许多困难，企业对环境所造成的污染损失也难以用货币进行准确计算，在这种情况下，可以采取实物的计量方法，对污染的排放量、产品中某种物质的含量及是否超过国家标准等信息在报表上反映。

（3）绿色会计的对象。绿色会计的对象应包括自然资源及生态环境两个方面。只要与企业经营活动有关的自然资源、生态环境都应成为绿色会计的对象。它包括两部分：企业自然资源行为或环境行为能够影响到的自然资源与生态环境；能够对企业自身的生产经营活动产生影响的自然资源与生态环境。自然资源行为与环境行为均包括直接的和间接的行为，以及故意的和非故意的行为。

（4）绿色会计计量。由于绿色会计的对象是自然资源与环境，准确计量它们的价值是绿色会计的重要内容。但它们的价值计量在目前还是理论难点，这也是绿色会计的难点所在。在资源与环境价值的理论问题还没有彻底解决以前，可以借鉴其他学科的成果。一般说来，绿色会计计量不能仅以政府政策性的定价作为核算基础，而是首先必须确定自然资源与环境价值的标准，然后参考这一标准，采用环境经济学的评估理论来制定绿色会计的计量方法，再用这样的计量方法来确定市场经济条件下的自然资源与环境价值。绿色会计计量方法有直接市场法、替代市场法和假想市场法三种。常用的直接市场法具体有生产率法、人力资本法、防护费用法、重置成本或恢复费用法等；常用的替代市场法具体有旅行费用法、资产价值法；常见的假想市场法具体有意愿调查法等。各种计量方法都有自身的优缺点，在实际运用中，应根据自然资源、环境的特点及该项计量的目的选用适当的方法。

（5）绿色会计报告的编制。绿色会计报告是企业对外公布绿色会计核算成果的载体，它关系到能否将企业的资源环境信息全面准确地传达给它的使用者。鉴于自然资源和环境行为的特点，可以从以下两个方面对传统会计报告加以改进，形成绿色会计报告：对能够准确计量价值的环境资产、负债、费用收益、利润等，可以增加会计科目进行单独核算；而对于难以确定其影响的信息，可以从会计报表附注中加以披露。

# 二、绿色审计

## 1.绿色审计及其发展

为确保绿色会计制度的顺利实施，保证绿色会计的质量，检验它的科学性，需要对绿色会计过程进行再监督，即绿色审计。所谓绿色审计是指对被审计单位的绿色会计报表及其相关资料进行独立审查并发表意见，对企业是否如实披露其资源、环境情况及环境经济责任进行鉴别，用以证实其真实性、合法性的特殊审计。

绿色审计是针对绿色会计而建立的制度，它是随着绿色会计的发展而发展的。由于绿色会计制度还没有在世界范围内全面推广，因而各国的绿色审计都还处于起步阶段，其审计的范围狭小，主要集中于环境污染方面，而且主要是对会计报表附注中的披露信息进行相关的审查，着重要检查其是否有遗漏重大环境信息的现象。

## 2.建立绿色审计制度的必要性

建立绿色审计制度是十分必要的，这将对与审计活动相关的利益群体——企业、外部会计信息使用者、审计机构等产生积极的影响。

（1）为外部会计信息的使用者提供更加真实、合法的资源与环境信息。绿色审计是一种社会公证活动，它是按照一定的审计程序对企业的资源与环境状况进行调查，并对绿色会计报表中的环境信息进行比较，以验证其完整性、公正性和合法性。这样，一方面有利于促进企业真实地披露其环境信息，另一方面也能够帮助企业修正信息，为会计信息的使用者提供更加可靠的环境信息。

（2）规范企业的资源环境信息披露。实施了绿色审计制度，实际上就明确了企业对环境信息的披露所具有的社会义务和责任，进而可以规范企业的环境行为，可以扭转目前企业在环保风险信息披露上的随意性现象。绿色审计将制定有关绿色会计信息披露的会计准则等，以规范环境信息披露的形式、范围及会计报表的具体处理方法，这必将促使资源环境信息披露的规范与统一，也便于检查和比较。

（3）促进审计工作的发展。就业务内容上看，绿色审计与传统审计是有很大不同的，首先是绿色审计的业务量相对较大，对环境信息的调查与验证需要花费大量的时间。如果要求每个上市公司都提供绿色审计报告的话，将形成巨大的审计需求，为审计行业的发展提供更加广阔的市场和一个不可多得的机遇。

然而，机遇往往是与风险并存的。首先，绿色审计中涉及的资源、环境价值难以计量，各种环境事故的影响更加难以测定，而且这种计量并非审计专业就可以确定，有时会涉及资源与环境经济学、生态、化学、工程等领域。这使得绿色审计业务要更多地依赖于估计数据，更多地依赖于其他专家的测评，因此而造成审计风险加大。如在确认和预提企业的治污费用时，对有关凭证的审计将耗费大量的人力，而对预计负债的估算则非一般审计人员所能完成，且在这一估算中，必然产生相应的审计风险。此外，对企业环保投入所产生的收益的确认工作也是艰难的，因为环保收益一般不能在当期取得，且收益的具体数额也很难界定。其次，生态规律十分复杂，可能会有一些潜在的生态环境问题难以发现，进而形成审计风险。

# 三、环境评价

## 1.环境评价是绿色核算的基础

绿色 GDP、绿色会计、绿色审计都是将环境（包括自然资源）视为一项重要的社会资源进行计算，并将它纳入核算体系。对资源和环境进行价值评价，是建立绿色核算体系的基础。如绿色 GDP 中自然资源的耗减、环境污染的损失、环境改良的价值、环境投入的收益等项目；绿色会计中的自然资源成本、环境污染的损失、环保投入的环境收益、环境或有负债等项目；绿色审计中的各种环境预提费用合理性的验证、环保投入收益的估算、资源环境工程的盈利预测等项目都需要计算出环境资源价值。不能够对资源与环境进行合理、科学的评价，绿色核算只能停留在定性层次上，既缺乏说服力又没有多大实际指导意义。

### 2.环境评价的特点

自然资源与环境有其自身的特点，要进行精确的定价是非常困难的：

（1）环境价值的多样性，导致有一些价值是难以用经济衡量的。大多数人认为，自然资源与环境的价值包括经济价值、生态价值和社会文化价值。经济价值还比较好计量，目前能够在经济指标体系中得到体现的主要是自然资源与环境的经济价值。而其他的价值就难以计量了，如生态价值，作为一个生态因子的自然资源或环境，它的存在就具有其生态的价值，这是无法衡量的。我们可以通过很多方法来估算一片森林的经济价值，如伐木、加工出林木产品去卖所得到的价值，或以此为中心建设一个森林旅游娱乐场，根据其预期的收益来计算，也可以用重新营造这样的林地需多少费用来估算。但森林所包含的生物多样性和作为一个独特的生态系统的价值，就无法用经济尺度来衡量。但这种生态的价值又是独立于经济价值之外的、是客观存在的。自然资源与环境的文化价值也是如此，某些自然资源或环境因子与一个民族或区域的历史文化紧密结合在一起，随着历史的发展而变化，有些自然资源和环境因子甚至是一定文化的载体。这种与特定的历史背景联系在一起的文化的价值，也是无法用经济尺度来衡量的。

（2）环境的价值难以通过市场形成。就一般的商品而言，它的价格是通过市场，由供求双方在竞争中形成的，这样的价格不但可以降低主观评价之间的差异，还能防止政府或中介机构硬性参与定价造成的"寻租"行为。但市场交换是以明确的产权为前提的，此外还需要有保障产权的配套制度。而环境具有公共品的性质，它的产权界定较为困难，如我们无法确定我们周围的空气是属于哪一个人的。因此就难以建立相应的市场，也就无法通过交易来形成环境价值。退一步说，即使环境的产权可以明确，但这种产权的保护也是非常困难的，环境产权的交易成本是非常之高的。如你很难阻止行人观看路边森林美景所得到的享受，更不用说阻止他呼吸森林光合作用释放出来的氧气了。如果有人想通过建造围墙来防止行人观看或阻止别人享用森林放出的氧气，在经济上必然是得不偿失的。这些特点使环境价值的评价极为困难。通过市场来给自然资源和环境定价，目前还只是处在试验阶段，且只停留在对资源与环境的经济利用范围内的评价。

（3）环境价值的实现具有长期性的特点。因为环境不仅是当代人的公共财产，而且还是后代人的财产。这种长期性与人类生产活动有效预期的短期性之间，存在着矛盾，这增加了环境价值测定的困难。

理性的预期更多地受到时间长短的影响，预期的时间越长，收获的不确定性就越大，对未来收获的期望价值就越小，它的真实价值同期望价值相背离的可能性就越大，那么，要测定真实的价值就越困难。生态价值的实现期长达几十年、几百年甚至几千年，这就使人们对它的预期价值不可能很高，使得贴现理论在环境价值评估中的应用受到限制。如人们预测到保护某一块水资源在100年后可以得到100万元的收入，年贴现率为5%，则用贴现的办法算出其现值为0.7604万元。然而得到这100万元的报酬毕竟要经过100年，到时得到100万元的可能性有多大，由谁来获得，是否会受到物价等因素的影响没人能说清楚，因而由此算出的0.7604万元的现值也只是一个理论上的虚拟数值，难以真正起到指导生产决策的作用。

### 3.环境评价的方法

环境价值的上述特点决定了对它进行评价的困难性。为了推进这一工作，目前是采取一些变通的方法来进行间接评价，即通过一些与环境价值有一定联系的，又可以直接观测的变量，间接地算出环境的价值。这些方法大体上可以分为三类：直接市场法、替代市场法、假想市场法。

（1）直接市场法。环境的变动可能会引起一些市场价格变动，如果这些价格反映了资源和环境的稀缺性，则可以用这种市场价格直接算出资源与环境的价值。

（2）替代市场法。当环境或资源所影响到的对象本身没有市场价格，这时要评价环境的价值就可以采用替代市场法了，这就是寻找一种替代物的市场价格来间接地评价环境的价值。当然，这些替代物的市场价格变化可能不只是受到环境变动的影响，所以它只能近似地反映出人们对环境质量的评价。因此用它来进行环境价值评价时，应尽量排除其他因素对替代物市场价格的影响

（3）假想市场法。在无法采用上述两种方法的情况下，还可以考虑采用假想市场法来对环境价值进行评价。常用的假想市场法主要是意愿调查法，即通过对一组被调查对象进行直接询问，了解他们对减少环境污染的各种选择所愿意支付的价值，然后根据这种价值来进行环境价值评价。这种做法是让被调查者在一个想象的市场中做出选择，人们的想法与实际支付会有一定的出入，因而采用这种方法来评价的环境价值，其可信度较低。

一般来说，采用直接市场法、替代市场法和假想市场法这三种不同的方法来评价环境价值，其可信度是依次逐渐降低的。因此在实际操作中，应当根据实际情况，选择适

当的方法。如果从评价结果可信度的角度看，能使用直接市场法的就尽量不用其他的方法，能够采用替代市场法的就不采用假想市场法。当然在选择适当的方法的时候，还要考虑到各种信息的可获得程度，以及它们与环境价值之间关系的密切程度，同时要注意剔除那些关系不大的影响因素。

# 第五章 绿色经济产业发展

## 第一节 新能源产业

### 一、能源现状加速能源转型

#### （一）能源短缺催生新能源发展

我国是世界上的能源生产大国，但能源资源并不富余。我国煤炭、石油、天然气探明储量分别占世界的 11%、1.4% 和 1.2%，人均占有量分别为世界人均水平的 55%、11% 和 5%。能源资源赋存分布均衡，开采条件较差。近年来，我国能源对外依存度上升较快，特别是石油对外依存度。能源供应已成为制约经济增长的基本因素，这一现象在我国将长期存在。

进入 21 世纪以来，中国经济连续高速增长，创造了世界奇迹，但经济增长过多地依靠投资拉动和以高耗能行业为主的重工业。在过去的 20 年里，中国已在能源利用上取得了 GDP 翻两番而能源消费仅翻一番的令世界瞩目的成绩，但能源效率低依然是制约中国经济社会发展的突出矛盾。在资源定价方面，我国还不具备主导权，能源安全性是威胁我国经济发展的一个重要因素。中国是世界上最大的能源消费国和温室气体排放国之一，能源的转型对中国具有更大的意义。

#### （二）煤炭能源消耗过大促使能源转型

我国是世界最大的煤炭生产国和消费国，能源生产和消费主要依靠煤炭。煤炭支撑了我国经济的高速发展，煤电提供了我国 75% 的电力，提供了我国钢铁行业能源的 86%、建材行业能源的 79%和约 50%的化工产品原料，煤炭对我国 GDP 的贡献率超过 15%。

煤炭在我国能源中的主体地位在短期内不会改变，2020 年我国能源消费总量为 49.8 亿吨标准煤，比 2019 年增长 2.2%，煤炭消费量占能源消费总量的 56.8%，煤炭消费量比 2019 年增长 0.6%。但煤炭资源是不可再生资源，煤炭能源消耗过大促使我们尽快实现能源的转型。

### （三）新能源产业的发展加速能源转型

长期以来，由于没有建立起强制性的市场保障政策机制，我国可再生能源发展没有形成连续稳定的市场需求，可再生能源发展缺少持续的市场拉动，可再生能源新技术发展不快。我国经济社会发展整体上还处在资源耗费型、环境损害型的状态，要保持经济和社会的可持续发展，必须在生态文明理念的指导下，实现由传统能源向新能源的转型。

## 二、新能源的主要类型和能源互联

### （一）新能源的主要类型

#### 1.海洋能

海洋能指海洋中所蕴藏的可再生自然能源，主要为潮汐能、波浪能、海流能（潮流能）、海水温差能和海水盐差能。海洋通过各种物理过程接收、储存和散发能量，这些能量以潮汐、波浪、温度差、海流等形式存在于海洋之中，所有这些形式的海洋能都可以用来发电。海洋能具有蕴藏量大、可再生性、不稳定性及造价高、污染小等特点。海洋能属于清洁能源。

目前，海洋能中有效开发利用的是潮汐能，潮汐发电技术成熟，利用规模最大。浩瀚的海洋和漫长的海岸线使欧洲各国拥有大量稳定、廉价的潮汐资源，在开发利用潮汐方面一直走在世界前列。法国、加拿大、英国等国家在潮汐发电的研究与开发领域保持领先优势。

我国的海岸线曲折漫长，潮汐能资源蕴藏量约为 1.1 亿千瓦，可开发总装机容量为 2 179 万千瓦，年发电量可达 624 亿千瓦时，主要集中在福建、浙江和江苏等地的沿海地区。波浪发电是继潮汐发电之后，发展最快的一种海洋能源利用形式。我国波浪能的理论存储量为7 000万千瓦左右，可开发利用量约3 000万～3 500万千瓦，建立波浪能发电系统有较大发展潜力。

### 2.风能

风能是指地球表面大量空气流动所产生的动能，是太阳能的一种转化形式。在自然界中，风能是一种可再生、无污染且蕴藏量巨大的能源。风能与其他能源相比，具有明显的优势，它蕴藏量大，是水能的10倍，分布广泛，永不枯竭，对交通不便、远离主干电网的岛屿及边远地区尤为重要。但风能资源受地形的影响较大，世界风能资源多集中在沿海和开阔大陆的收缩地带，如美国的加利福尼亚州沿岸和北欧的一些国家，我国的东南沿海、内蒙古、新疆和甘肃一带，风能资源也很丰富。

### 3.生物质能

生物质能是太阳能以化学能形式储存在生物质中的能量形式，即以生物质为载体的能量，是一种可再生能源。生物质能是人类赖以生存的重要能源，是仅次于煤炭、石油和天然气而居于世界能源消费总量第四位的能源，在整个能源系统中占有重要的地位。

我国拥有丰富的生物质能资源，依据来源的不同，可以将适合于能源利用的生物质分为农作物秸秆及农产品加工剩余物、林木采伐及森林抚育剩余物、木材加工剩余物、畜禽养殖剩余物、城市生活垃圾和生活污水、工业有机废弃物和高浓度有机废水等。我国农作物秸秆可收集资源量每年约6.9亿吨，林业剩余物和能源植物每年约3.5亿吨，适合人工种植的30多种能源作物（植物）资源潜力可满足年产5 000万吨生物液体燃料的原料需求，生活垃圾、厨余垃圾、城镇污水处理厂污泥可利用资源量约9 300万吨，酒精、制糖、酿酒等20多个行业每年排放有机废水43.5亿吨、废渣9.5亿吨，可转化为沼气约300亿立方米，规模化畜禽养殖场粪便资源每年约8.4亿吨，生产沼气的潜力约400亿立方米。我国可作为能源利用的生物质资源总量每年约为4.6亿吨标准煤，目前已利用的约为2 200万吨标准煤，还有约4.4亿吨可作为能源利用。

### 4.地热能

地热能是由地壳抽取的天然热能，这种能量来自地球内部的熔岩，并以热力形式存在，是引发火山爆发及地震的能量。地球内部的温度高达7 000 ℃，而在128～161千米的深度，温度会降至650～1 200 ℃。透过地下水的流动和熔岩涌至离地面1～5千米的地壳，热力得以被转送至较接近地面的地方。高温的熔岩将附近的地下水加热，这些加热了的水最终会渗出地面。地热能是可再生资源，地热发电的过程就是把地下热能首先转变为机械能，然后再把机械能转变为电能的过程。地热能是来自地球深处的可再生性热能，其储量比目前人们所利用能量的总量多得多。

地热资源是一种可再生的清洁能源，全球5千米以内的地热资源量约4 900万亿吨标准煤，目前开发的地热资源主要是蒸汽型和热水型两类。美国麻省理工学院的一项研究报告显示，如果开发美国大陆地表下3～10千米中的2%的地热资源，就可以供应相当于全美年总耗电量2 500倍的电能。

我国地热资源约占全球资源量的1/6，现每年可用浅层地热能资源量3.5亿吨标准煤，减排5亿吨二氧化碳；每年可利用中深层地热能资源量6.4亿吨标准煤，减排13亿吨二氧化碳。利用干热岩资源正处于研发阶段。

### 5.太阳能

太阳能一般是指太阳光的辐射能量，一般用作发电。太阳能的利用有被动式利用（光热转换）和光电转换两种方式。

广义的太阳能所包括的范围非常大，地球上的风能、水能、海洋温差能、波浪能和生物质能，以及部分潮汐能都是来源于太阳，即使是地球上的化石燃料（如煤、石油和天然气等），从根本上说也是远古时期贮存下来的太阳能；狭义的太阳能则限于太阳辐射能的光热、光电和光化学的直接转换。太阳能发电既是一次能源，又是可再生能源。它资源丰富，既可免费使用，又无须运输，对环境无任何污染。太阳能将为人类创造一种新的生活形态，使人类社会进入一个节约能源、减少污染的时代。

### 6.核能

核能是通过转化其质量从原子核释放的能量。核能发电是利用核反应堆中核裂变所释放出的热能进行发电的方式，它与火力发电极其相似，只是以核反应堆及蒸汽发生器来代替火力发电的锅炉，以核裂变能代替矿物燃料的化学能。核能发电利用铀燃料进行核分裂连锁反应所产生的热，将水加热成高温高压，利用产生的水蒸气推动蒸汽轮机并带动发电机。核反应放出的热量较燃烧化石燃料放出的能量要高约百万倍，所需要的燃料体积却比火力电厂小很多。

尽管核电是清洁能源，但在高放废物处理未能解决之前，还需审慎发展。

### 7.氢能

氢是宇宙中分布最广泛的物质，构成了宇宙质量的75%。氢能是指在以氢及同位素为主体的反应中或在氢的状态变化过程中所释放出的能量，包括氢核能和氢化学能两部分。氢能被称为人类的终极能源。

作为一种低碳、零碳能源和理想的新的合能体能源，氢能有减少温室效应、能再次回收利用、无毒、利用率高、重量最轻、导热性最好、发热值高、燃烧性能好、利用形式多、形态多、耗损少和运输方便等特点，因此世界各国对氢能非常重视。用氢燃料电池给汽车提供动力，能够解决空气污染、噪声污染和二氧化碳的排放污染；氢气是工业最重要的原材料之一，氢的使用可以使精炼等行业达到基本无碳排放；运用氢能微型热电联产机组技术，可以极大地提高能源利用效率，建设节能环保型建筑。

20世纪70年代以来，许多国家和地区就开始了氢能研究，但至今还未形成氢能源应用体系，主要局限在个别领域。氢能在燃料电池领域的应用是发展氢能清洁利用的关键，燃料电池技术的发展使氢燃料电池汽车、分布式发电、氢燃料电池叉车，以及应急电源的应用已接近产业化。

随着科学技术的发展，全球氢能源发展加速，中国、美国、加拿大、日本等国都制定了氢能发展规划。一些国家不断加大对氢能源研发、产业化的扶持推动力度。

经过多年发展，我国在氢能技术与产业发展方面积累了良好的发展基础。同时也应清醒认识到，我国氢能研究仍主要聚焦在交通领域的应用场景，在工业和供能等场景方面相对薄弱，且在关键材料、核心器件及装备的性能和可靠性方面，仍与国外有一定的差距。为此，要进一步加快推动科技创新，充分发挥可再生资源的巨大潜力，进一步加强区域联动与国际合作，共筑协同发展的新生态。

### （二）新能源产业的分类

按照《绿色产业指导目录（2019年版）》，新能源产业涉及清洁能源产业下的4项二级分类、32项三级分类。从三次产业划分看，新能源产业属于生态工业的一部分。

新能源与清洁能源装备制造包括风力发电装备制造、太阳能发电装备制造、生物质能利用装备制造、水力发电和抽水蓄能装备制造、核电装备制造、非常规油气勘查开采装备制造、海洋油气开采装备制造、智能电网产品和装备制造、燃气轮机装备制造、燃料电池装备制造、地热能开发利用装备制造，以及海洋能开发利用装备制造等。

清洁能源设施建设和运营包括风力发电设施建设和运营、太阳能利用设施建设和运营、生物质能利用设施建设和运营、大型水力发电设施建设和运营、核电站建设和运营、煤层气（煤矿瓦斯）抽采利用设施建设和运营、地热能利用设施建设和运营、海洋能利用设施建设和运营、氢能利用设施建设和运营，以及热泵建设和运营等。

传统能源的清洁高效利用包括清洁燃油生产、煤炭清洁利用和煤炭清洁生产。能源系统高效运行包括多能互补工程建设和运营、高效储能设施建设和运营、智能电网建设和运营、燃煤发电机组调峰灵活性改造工程和运营、天然气输送储运调峰设施建设和运营、分布式能源工程建设和运营，以及抽水蓄能电站建设和运营等。

### （三）智能能源网

新能源革命是人类社会找到一条化解能源危机并最终根本解决制约自身发展的能源瓶颈的路子，能源系统革命驱动力是数字化和低碳化。发展智能能源网，可以使世界各地的不同用户分享新的能源，提高能源效率，在最少耗费能源的前提下大幅度提高生产力。

全球能源互联网就是利用互联网和智能终端技术，采用分布式能源采集系统，把分散在全球各地的微小可再生能源采集起来，通过氢或其他存储技术存储间歇式能源，实现"人人享有可持续能源"。作为一种智能能源网，"清洁能源"是其根本，其特点是永续供应、绿色低碳、经济高效和开放共享。

智能能源网是通过对传统能源的流程架构体系进行改造和创新，利用先进的通信、传感、储能等技术，建构新型能源生产、消费的交互架构，形成不同能源网架间更高效率能源流的智能配置和交换。它是集多种能源网络和不同能源载体之间的网络互联，是一个比智能电网层次更高、规模更大的新型能源网络。智能能源网将引领传统互联网等产业的转型升级，更大限度地利用可再生能源与新能源，主导全球生产方式的变革和生活方式的变迁。

预计到2050年，全球能源互联网累计投资额将会超过50万亿美元。到2025年，我国能源互联网每年将投资2万亿元，将带动新能源、新材料、智能制造和电动汽车等一批战略性新兴产业的大发展。

未来能源发展的趋势，要求重新规划能源的生产、转化与应用模式，进而实现能效的最大化。泛能网是利用智能协同技术，将能源网、物质网和互联网耦合形成的"能源互联网"，由基础能源网、传感控制网和智慧互联网组成。它基于系统能效技术，对各能量流进行供需转换匹配、梯级利用和时空优化，已达到系统能效的最大化，最终输出一种自组织的高度有序的高效智能能源。

智能能源网蕴含了生态文明观的哲学智慧,真正实现了能源的新常态,充分体现了融合、循环、和谐与系统协同的思想。

## 三、大力发展新能源产业

### (一)新能源产业的发展趋势

#### 1.新能源产业会得到前所未有的发展

由于常规能源的有限性和使用过程中产生的对环境的影响,人们将目光进一步投向新能源,国际社会加大对新能源研究的投入,开发和普遍采用新能源成为人们的一种社会自觉行为和责任。随着科技的发展和国家政策的扶持,新能源的使用将超过常规能源的比重,能源的消费结构将更合理。太阳能设备与建筑的完美结合,将在不影响建筑景观的情况下,给城市和农村能源使用带来极大的便利。

新奥集团正对未来的能源系统进行探索尝试,在新能源技术、节能技术、储能技术发展的基础上,利用数字技术对整个能源系统进行优化配置,将以污染严重的化石能源为主的能源系统,改造成以可再生能源和储能为主、化石能源为补充的能源系统。

斯坦福大学建设了一个全校性的能源转换系统,用电网供电及首创的热能回收系统取代了纯化石燃料的发电厂。能源系统的革新使斯坦福大学的温室气体排放量减少68%、化石燃料用量减少65%、用水量减少15%,每年减少15万吨二氧化碳的排放,相当于每年减少了3.2万辆汽车。

#### 2.更加高效清洁安全的能源被发现和使用

随着人类认识自然、改造自然能力的不断提升,可燃冰、煤层气、细菌能及核聚变能等更加高效、清洁的能源不断显现,并显示出极好的发展前景。

天然气水合物,即可燃冰,是一种环保新能源,它是天然气与水在高压低温条件下形成的类冰状结晶物质,其外观像冰,遇火即燃。可燃冰中甲烷占80%~99.9%,1立方米的纯净可燃冰可以释放出164立方米的天然气,具有使用方便、燃烧值高、清洁无污染等特点。我国可燃冰地质资源储量约为 $102×10^{12}$ 立方米,比常规天然气地质资源量多约 $400×10^6$ 吨标准煤,预计2030年前后实现商业化开发,有望成为我国未来主流的清洁能源。

作为清洁能源，页岩气的开发利用改变了能源结构。世界上对页岩气资源的研究和勘探开发最早始于美国，1981 年美国第一口页岩气井压裂成功，此后页岩气产量逐渐提高，改变了美国的能源格局，对经济复苏产生了深远影响。《全国页岩气资源潜力调查评价及有利区优选》指出，我国陆域页岩气地质资源潜力为 134.42 万亿立方米，可采资源潜力 25.08 万亿立方米（不含青藏区）。我国页岩气资源潜力大，分布面积广，发育层系多。页岩气储量、产量的增长主要来自四川、重庆、贵州、湖北、湖南、陕西、新疆等省（区、市）的几个盆地，包括四川盆地、渝东鄂西地区、黔湘地区、鄂尔多斯盆地和塔里木盆地等。

中国地质调查局在 2017 年 8 月宣布，我国首次在青海共和盆地 3 705 米深处钻获 236 ℃的高温干热岩体。虽然我国开发和利用干热岩的商业化之路还很长，但干热岩作为地热资源中最具应用价值和利用潜力的清洁能源，其应用将有助于能源结构的清洁化。

### 3.能源问题将不再成为经济社会发展的障碍

随着新能源的不断发现与使用，人类对化石能源的依赖进一步减少，人类社会将找到一条化解能源危机的路子，并最终根本解决制约自身发展的能源问题。

新技术革命带来的新材料产业的发展，将成为高新技术产业发展的先导和基石，也为摆脱能源困境提供了出路。未来高空风力发电技术的突破，可以利用地表上空的高空急流产生的风能；可持续生物燃料技术的突破，一方面保护植物，节约能源和水资源，另一方面替代传统化石燃料；核聚变技术的突破，将使人类掌握获取几乎无限清洁能源的钥匙；燃料电池的突破，可以把氢的化学能转变成电能，驱动汽车行驶；工业规模的大容量储能电池技术的突破，将提高电网的安全性和可靠性，促进可再生能源的融合。

对石墨烯的研究表明，石墨烯未来将取代煤炭和石油天然气，成为未来生活所需大多数发电能源的来源，如石墨烯能取代硅而开创人类电子科技的新时代，用石墨烯做电池的手机只需 5 秒就能充满电且连续使用半个月，以石墨烯为电池的电动汽车只需充电 10 分钟就能行驶 1 000 千米……最新研究表明，石墨烯可以让太阳能电池板在雨天发电，这一技术的大规模应用，将大大推动太阳能的利用步伐。

（二）发展新能源产业的时代意义

**1.新能源是人类社会发展史上最有历史意义的里程碑**

实现新能源代替化石能源是人类社会发展史上的里程碑，将实现人类绿色发展的愿景，这将是人类社会最伟大的进步，人类社会第一次走入一个真正意义上的现代化发展时代。

**2.发展新能源产业将使人类进入生态文明时代**

当前，发展新能源产业是优化能源结构的一个过程，温室效应、环境污染等问题基本都是源于化石能源的大量使用和粗放使用，新能源的使用将根本性地解决环境问题。人类社会物质财富的生产和积累，不会因为能源的使用而充满"罪恶"，财富的积累将更有实际意义，人类的生态文明时代将会到来。

**3.新能源产业极大地促进经济的繁荣**

大力发展新能源产业，将对新能源的科研、设备制造、安装和售后服务等环节投入大量的资金，其投资规模将超过任何一个产业。新能源将逐渐、全面替代化石能源，因此是一个史无前例的投资机会。在未来的很长时间内，将是推动经济社会持续发展的历史性动力，极大地促进经济的繁荣。

# 第二节 生态农业

## 一、生态农业的内涵及发展

（一）生态农业的概念

生态农业是指在保护、改善农业生态环境的前提下，遵循生态学、生态经济学规律，运用系统工程方法和现代科学技术，集约化经营的农业发展模式，是按照生态学原理和经济学原理，运用现代科学技术成果和现代管理手段，以及传统农业的有效经验建立起来的，能获得较高的经济效益、生态效益和社会效益的现代化农业。生态农业是一个农业生态经济复合系统，将农业生态系统同农业经济系统综合统一起来，以取得最大的生态经济整体效益。生态农业是农、林、牧、副、渔各业综合起来的大农业，又是农业生产、加工、销售综合起来，适应市场经济发展的农业。

生态农业通过生态方式解决了大农药、大化肥、除草剂、添加剂、农膜、转基因构成的"化工农业"带来的弊端，而且通过适量施用化肥和低毒高效农药等，突破了传统农业的局限性，但又保持其精耕细作、施用有机肥、间作套种等优良传统。由于生态农业的生态特征和经济特征使得生态农业符合世界经济的发展方向和农业的发展要求，各国纷纷采取具体措施予以支持。太阳能的广泛使用、生物能的转化、废弃物的再循环利用等，为高效环保农业的发展提供了具体的实施路径。生态农业促进了物质在农业生态系统内部的循环利用和多次重复利用，实现了投入成本的节约及产出的最大化，从而最终实现生产发展、能源再利用、生态环境保护、经济效益等的有机统一，使农业生产处于良性循环中。

## （二）生态农业的发展与变迁

生态农业被认为是继"化工农业"之后世界农业发展的一个重要阶段，它是一种农业发展手段的复合，将各种环保、生态及发展的理念融入农业的发展中，实现了农业生态系统与农业经济系统的综合利用，取得了巨大的经济利益和生态利益，实现了农业发展的持续性，满足了人们对美丽环境的需求和经济利益的追求，从而为高效农业的实现提供了民意基础和工业支撑。因此，生态农业具有广阔的发展前景。

生态农业源于欧洲，20世纪30～40年代在英国、瑞士、日本等国得到发展。第二次世界大战后，农药和化肥在以欧美、日本为代表的工业化国家的农业生产上得到大面积使用，农产品产量迅速增加，但农产品质量却大幅下降，食品安全事故频发，导致全民关注点转移到食品安全领域，生态农业发展得到重视。

20世纪60年代，欧洲的一些农场开始用生态耕作的方法从事农事活动。到了20世纪80年代后期和90年代前半期，生态农业开始发展壮大，流通领域成立了众多的产销合作组织，生态农业的影响力持续增大，全国性的生态农业体系也初见雏形。20世纪90年代以来，随着全球对生态环境的重视及生态农业商业化运营模式的不断完善，生态农产品受欢迎的程度大幅提高，生态农业的发展热情空前高涨。

在90%的土地为沙漠、可耕地面积仅占国土面积1/5的以色列，以高科技为支撑的生态农业发展，使其农产品产量迅速提高。许多农产品的单产量及其加工技术已处于世界先进水平，靠的就是用先进的育种技术、非化学的生物杀虫技术和高超的节水技术等，有力地促进了生态高科技农业的发展。

我国的农业发展经历了一个污染与治理的过程。改革开放以来，我国进入了经济的快速发展期，随着国外的农产品流入我国，我国的传统农业受到冲击，不得不采用化肥农药来加速发展，农产品数量快速增加，农业为工业发展提供了充足的原料供应，满足了人民对粮食的需求。在农业快速发展的同时，农业污染也随之加重。随着改革开放的发展，农业贸易开放度不断提高，农产品进出口总额占农业总产值的比重也随之上升。但这一时期，农业生产的化肥施用量、农药使用量大幅提高，化肥的过量与不合理施用导致土壤中形成大量无机物残留，农产品吸收了这些无机物后导致重金属含量超标，对人们的身体健康造成危害，人们对食品安全的重视空前提高。

20世纪70年代，我国的农业生产主要实行粮豆轮作，混种牧草，增施有机肥，采用生物防治，实行少免耕，减少化肥、农药、机械的投入等。20世纪80年代，形成了许多有明显增产增收效益的生态农业模式，如稻田养鱼，林粮、林果、林药间作的主体农业模式，农、林、牧结合，粮、桑、渔结合，种、养、加结合等复合生态系统模式，鸡粪喂猪、猪粪喂鱼、鱼塘泥做果树的肥料等有机废物多级综合利用的模式。

被联合国粮农组织认定为"全球重要农业文化遗产"的浙江湖州的桑基鱼塘生态系统保留着我国历史悠久的生态循环农业模式。桑基鱼塘采取塘基上种桑、桑叶喂蚕、蚕沙养鱼、鱼粪肥塘、塘泥壅桑的生态循环模式，通过挖深鱼塘、垫高塘基、塘基植桑、池中养鱼、池埂种桑的综合种植养殖，实现了对生态环境的零污染，是一种低耗、高效的农业生态系统。

当前，我国生态农业建设面积达10万平方千米，生态农业涵盖了生态农业户、生态农业村、生态农业乡、生态农业县，乃至生态农业省，实施生态农业建设示范项目的县、乡、村数量已达4 000多个。

（三）生态农业的要求和特征

1.生态农业的要求

生态农业的生产要求资源的永续利用和生态环境保护并重，要求生物与环境相协调、物种之间优化组合、能量物质高效率运转、输入输出平衡，才能形成高效的生态农业种植模式和高产结果。这就要求运用系统工程方法，依靠现代科学技术和社会经济信息的输入来组织生产，将各种现代化的技术及管理方法运用到生态农业的种植中去，从而实现食物链的网络化、农业废弃物的资源化，充分发挥各种资源之间的互补作用，发挥资源效益的最大化。生态农业还要求我们必须发挥物种多样性的优势，建立良性的物质循环体系，促进农业持续稳定发展，实现农产品的安全，同时实现经济、社会和生态效益的统一。

## 2.生态农业的特征

生态农业是在传统农业和有机农业的基础上形成的一种模式，这一模式集合了原来农业发展过程中农业本身的优势，又采用了有机农业的某些方式。

综合性生态农业着眼于发挥农业生态系统的整体功能，将"整体、协调、循环、再生"的原则运用于生态农业的全过程，以统筹规划、全面规划的战略谋划，使农、林、牧、副、渔各业和农村的第一、第二、第三产业实现综合协调发展，实现各业之间的互相支持，互相提供发展条件，最终提高综合生产能力。

多样性生态农业强调的是农业生态，强调的是农业为一个系统，强调的是各种资源的协调运用和共同发展。因此，各地必须因地制宜，根据各自的自然条件、资源基础、经济与社会发展水平，制定出适合本地区的发展模式和发展方向，不能搞一刀切，要做到统筹兼顾，走出一条有地方特色的发展道路，从而实现生态与农业、生态与社会的和谐发展。

科技的进步已使农业发展进入了一个新阶段，必须将生态农业的发展放在全球的框架下去思考、去谋划。生态农业必须应对世界经济全球化挑战的艰巨任务，适应全球分工模式，在生产、销售的各个环节都要贯彻生态理念，实现保护生态环境、发展农村经济、促进农村社会经济持续发展的历史任务，实现农业经济的转型升级。

高效性生态农业通过物质循环和能量多层次综合利用及系列化深加工，实现效益最大化。通过废弃物的资源化利用，来降低农业成本，提高效益，从而实现节能高效，避免有机农业带来的弊端。从现实运行情况来看，生态农业的大规模种植和推广，确实给各国人民带来了实惠。

持续性生态农业实现了人与环境的共生，实现了农业各个子系统之间的有机融合，实现了农业发展与经济社会的兼容，从而在发展生态农业的同时，保护和改善了生态环境。在防治污染与维护生态平衡及提高农产品的安全性方面做出了巨大的贡献，也使得生态农业的发展成为世界农业发展的主流模式。为了使农业和农村经济得到持续发展，就要提高生态系统的稳定性和持续性，以增强农业发展的后劲，使得农业能够继续发挥基础作用。

## 二、生态农业的模式和分类

### （一）生态农业的模式

#### 1.食物链型

食物链型是一种按照农业生态系统的能量流动和物质循环规律而设计的良性循环的农业生态系统。

根据物质循环原理，一个生产环节的产出是另一个生产环节的投入，而另一个环节的产出又会成为下一个环节的投入，于是生物就处于一个循环系统之中。生态农业就是极大地发挥生物的循环功能，使系统中的废弃物多次循环利用，从而提高能量的转换率和资源利用率，获得最大的经济效益，同时能有效地防止农业废弃物对农业生态环境的污染，实现干净整洁的农业生产，避免对环境产生伤害。例如，种植业内部物质循环、养殖业内部物质循环和种养加结合的物质循环等模式，都是循环利用开展得很好的模式。

#### 2.互利共生型

由于生物种群的生物学、生态学特征和生物之间的互利共生关系可以合理组建成农业生态系统，就使得处于不同生态位置的生物种群在系统中能够各安其位、各得其所，使太阳能、水分和矿物质营养元素得到充分利用，从而提高资源的利用率和土地生产力，实现高产、优质、高效、低耗生产，具有良好的经济效益和生态效益，形成经济与社会、生态环保的和谐发展，如果林地立体间套模式、农田立体间套模式、水域立体养殖模式和农户庭院立体种养模式等。

稻鱼共生系统，也就是常说的稻田养鱼。在此系统中，稻鱼共生互补，即水稻为鱼提供有机食物、饲料，可减少化肥、农药、饲料的投入，而鱼则发挥耕田除草、吃虫、粪便肥田的功能，使水稻在生产过程中少施甚至不施农药和化肥，鱼和水稻形成和谐共生系统。由于养鱼不用抗生素、生长激素，可减少环境污染，具有明显的生态效益，同时生产出来的水稻和鲤鱼的质量优良，市场售价较高，能够取得很好的生态效益和经济效益。

### 3.资源开发利用与环境治理型

资源开发利用与环境治理的生态农业模式是依据生物与环境相互影响的原理，以生态效益为主，兼顾经济效益，在生态农业运营过程中运用生态经济原理指导和组织农业生产，保护和改善农业生态环境与生产条件，提高农业综合生产能力，把人类农业生产活动纳入生态循环链内，参与生态系统的生物共生和物质循环，以求生态、经济和社会效益的协调发展。它追求农业生产与生态环境的共生、共容，在坚持人类对资源开发利用的同时，注意人对资源环境的保护义务，实现了发展与保护的有机统一、资源开发利用与资源治理的统一。

资源开发利用与环境治理模式的主要特点是把农业生产活动纳入生态循环链内，使参与生态系统的生物实现共生和物质循环，因为兼顾了环境的容量，所以要保持适度投入。由于对资源环境利用合理，从而实现高产出、少废物、无污染、高效益，最终保护和改善农业生态环境与生产条件，实现生态、经济和社会效益的协调发展。

### 4.综合型

综合型生态农业模式强调发挥农业生态系统的整体功能，着眼大农业，运用整体、协调、循环、再生的方式方法，全面规划、调整和优化农业结构，使农、林、牧、副、渔各业态与农村第一、第二、第三产业综合发展，通过合理谋划，使得各业之间互相支持、相互兼容、相得益彰，从而提高综合生产能力，获得丰厚的经济效益、生态效益和社会效益。

综合型生态农业模式立足于当地生态系统和自然景色，通常以农业高新技术产业化开发为中心，辅之以农产品加工和农业旅游观光的带动，将第一、第二、第三产业有机地结合起来，各地出现的农业观光园模式、农村公园模式等，便是这一类型的突出代表。

### （二）生态农业的分类

按照《绿色产业指导目录（2019 年版）》，广义的生态农业涉及生态环境产业下的生态农业、生态保护、生态修复 3 项二级分类中的全部 29 项三级分类，以及基础设施绿色升级下的海绵城市、园林绿化 2 项二级分类中的 7 项三级分类。

生态农业包括现代农业种植业及动植物种质资源保护、绿色有机农业、农作物种植保护地及保护区建设和运营、森林资源培育产业、林下种植和林下养殖产业、碳汇林、植树种草及林木种苗花卉、林业基因资源保护、绿色畜牧业、绿色渔业、森林游憩和康养产业、农作物病虫害绿色防控等。

生态保护包括天然林资源保护、动植物资源保护、自然保护区建设、生态功能区建设维护和运营，国家公园、世界遗产、国家级风景名胜区、国家森林公园、国家地质公园、国家湿地公园等保护性运营。

生态修复包括退耕还林还草和退牧还草工程建设，河湖与湿地保护恢复，增殖放流与海洋牧场建设和运营，国家生态安全屏障保护修复，重点生态区域综合治理，矿山生态环境恢复，荒漠化、石漠化和水土流失综合治理，有害生物灾害防治，水生态系统旱涝灾害防控及应对，地下水超采区治理与修复，采煤沉陷区综合治理，农村土地综合整治，海域、海岸带和海岛综合整治，海绵城市水体自然生态修复。

园林绿化包括公园绿地建设、养护和运营，绿道系统建设、养护管理和运营，附属绿地建设、养护管理和运营，道路绿化建设、养护管理，区域绿地建设、养护管理和运营，立体绿化建设、养护管理。

## 三、发展生态农业的路径

### （一）转变传统农业发展方式

#### 1.实行混合饲养型耕作制

随着人们生活水平的日益提高，人们生活需求的结构和质量在发生变化，要满足人们不断增长的富裕生活对动物性产品的市场需求，就必须大力发展优质蛋白饲料的生产，必须把饲料行业建设成为发达的现代化产业。

发展生态农业，先要变革传统的农业观念，改革单一的谷物大田耕作制，走混合饲养型耕作制之路。从世界各国现代农业的发展历程和当今世界各国的现代农业发展现实来看，绝大多数国家的现代农业走的是"以蛋白质为纲"的发展路线。而落后的传统农业大都走的是"以粮为纲"的发展路线，传统的畜牧业则以游牧业、亦耕亦牧的形式作为补充。

以大田耕作制农业为主的生产方式，导致农业生产出现两大错误：一是用"粮食安全底线"来混淆"食品安全底线"概念，其实粮食只是食品的一部分，过分强调粮食安全底线，导致追求粮食生产而忽视农业经济效益的现象出现。粮食复种指数的提高，不得不连年翻土耕作，导致土壤肥力下降，带来一系列农业生态问题。除大豆外，其他粮食的蛋白质含量很低，通过猪将植物蛋白转化为动物蛋白，不仅效率低，而且还造成了极难解决的面源污染。二是把天然草场错误地当成发展畜牧业的优势。天然草场往往只具有保护脆弱生态环境的生态意义，而不具有经济意义。所以，发达国家的现代畜牧业几乎全部采用人工牧草和饲用农作物，或用草本、木本的豆科与禾本科牧草组合成营养全面的饲料。我国的现状是一方面确保粮食种植面积并不断提高单产，而另一方面却大量养猪，消耗了大量粮食，"猪"与"粮"形成了对立与矛盾的关系。这种食品供给结构不仅造成了资源的浪费，而且还造成了大规模的面源污染。因此，应该及时变粮食安全观为食品安全观，变食粮畜牧业为食草畜牧业，大力发展人工牧草生产，选择一条以蛋白质为纲的正确发展路线。

从生态平衡的角度考虑，我们也必须改革单一的谷物大田耕作制，走混合饲养型耕作制之路，把农业生态系统中的生产者、消费者和分解者之间的物质循环与能量转化过程，联结成一个动态的、平衡的过程。混合饲养型耕作制是以蛋白质为纲，把农田生态系统和畜牧业生态系统结合起来，实行以食品加工业为导向的农业结构调节机制。

## 2.重新认识良种和土壤的关系

良种和土壤是生态农业的主要元素，发展生态农业必须把良种和土壤作为一个整体系统来考虑，自觉地回归到"水、肥、土、种、密、保、管、工"上来。

世界可耕地的平均有机质含量是 2.4%，美国可耕地的平均有机质含量是 5.0%，而我国可耕地的平均有机质含量仅为 1.3%，相对贫瘠，再加上复种指数接近 3，连年连季过量施用化肥，导致土壤板结，有机质的缺乏使化肥的利用率仅有 35% 左右，这不仅导致作物缺乏营养，更使土传疾病流行。因此，要想使农业生产达到优质、高产、高效、生态、安全的目标，就必须把良种和土壤作为一个整体系统来考虑，自觉地回归到"水、肥、土、种、密、保、管、工"上来，不要一味地、盲目地追求良种、追求化肥。根据发展高效生态农业的要求，应该大力发展有机无机生物复合肥料，并且要使这种有机无机生物复合肥料的有效氮磷钾达到或超过 30%，有机质含量达到或超过 20%（其中，有机物要含有 1/4～1/3 的腐殖酸），还要有一定数量的微量元素，这样的肥料才能保证优质、高产、高效、生态、安全，并促进农业生态的良性循环。

我国每年产生的农业废弃物约为 40 亿吨，其中畜禽粪便排放量为 26.1 亿吨、农作物秸秆 7 亿吨，处理率不足 25%，农业废弃物不能有效和及时地处理与转化，既污染了环境，又浪费了资源。处理后的城市生活污水、淤泥，以及造纸黑泥、淀粉、味精、甘蔗等的加工废料均是很好的原料，要根据根际土壤微生态学、植物营养学、植物生理学原理，以及高效生态农业的基本概念，利用大量的农作物秸秆、畜禽粪便和造纸废泥等农业废弃物为原料，用纤维分解菌并辅以细菌激活素和固氮、解磷、解钾菌快速腐熟、高温发酵、除臭、低温烘干后，加入氮、磷、钾、钙、镁、硫、锰、锌、铁、硼、铜和钼等多种微量元素生产肥料。它既有无污染、无公害、肥效持久、壮苗抗病、改良土壤、提高产量、改善作物品质等优点，又能消除大量施用化肥和农药带来的环境污染、生态破坏等弊端。有机生态肥既提高了土壤的有机质含量，又解决了面源环境污染问题，实现了资源的有效利用，为农业生态系统的良性循环提供了保障，符合我国生态农业、效益农业的发展方向。

## （二）发展各种类型的生态农业

### 1.菌草业

循环利用工业和农业废弃物，结合当地的农业生态适宜度，种植人工牧草，发展菌草业，扩展食品的多样性。菌林矛盾实际上是菌业生产发展与保护生态环境的矛盾。为了解决香菇生产原料问题，我国的生态技术专家提出了用野生资源极为丰富的芒萁、类芦、五节芒等野草来代替阔叶树生产香菇的设想。用芒、类芦、五节芒等野生草本植物栽培香菇试验获得成功，并在此基础上形成了菌草和菌草技术体系，它解决了菌业生产中的"菌林矛盾"和"菌粮矛盾"、菌业发展与环境保护的关系，为持续发展的生态菌业——菌草业的发展提供科学依据和生产技术。发展生态菌草业可以有效地利用自然资源和生物资源，对高效生态农业有重要的意义。

### 2.森林生态农业

在生态农业全面推进的大背景下，森林生态农业作为一种新兴的生态农业种植方式正在全球兴起。它通过多物种、多层次、立体的生态化设计，交替种植多年生和一年生作物，使得阳光充分照射到每一类作物身上，从而实现水和养分的良性循环，提高阳光的利用率，最终实现生态高效农业生产。

在森林生态农业的种植模式中，树、灌木、地表植物构成了简单的森林生态农业层次，而大型乔木层、小型乔木层、灌木层、攀缘植物、草本植物层、地被层、根际植物则组成了较为复杂的森林生态农业层次。这种简单与复杂的森林农业层次的堆叠，使得这种种植模式一方面发挥生产食物的经济功能，另一方面发挥净化空气、涵养水源、修复土壤的环保功能，最终还能形成美化社区、增进人们沟通的社会功能，从而实现农业生产的全面推动和社会进步的功能。

### 3.微生态与微生物产业

充分利用可再生资源（农作物秸秆和农产品加工剩余的废弃物，如木质素、纤维素等）发展微生态与微生物产业，尤其注重发展发酵蛋白产业，扩充蛋白质来源。

我国专家研究的菌体蛋白饲料生产方法，可将各种薯类、籽实类、糠麸类、渣粕类、饼粕类、草粉和秸秆类等作为原料进行加工，一些畜禽粪便也可生产出蛋白质含量高、营养丰富的饲料。

### 4.白色农业

白色农业是指微生物资源产业化的工业型新农业，包括高科技生物工程的发酵工程和酶工程。

与绿色农业相比，白色农业的可控性、规模化、工厂化和标准化有着无比的优越性。此外，白色农业的发展对于资源的高效利用、循环经济和生态化等有着极其重要的意义，因为它增强了一个生态系统平衡必需的生产—消费—分解过程的分解环节，这往往是绿色农业最不重视的环节。白色农业的发展可将已断裂的农业生态链条连接起来，形成真正的可持续性高效生态农业。

### 5.蓝色农业

蓝色农业是指在水体中开展的水产农牧化活动，包括所有近岸浅海海域、潮间带，以及潮上带室内外水池水槽内开展的虾、贝、藻、鱼类的养殖业。藻类和浮游生物不仅是鱼类的食物，有些也是人类的食品。我国的水产养殖量虽然占世界的一半以上，但也受到环境污染的挑战，造成了巨大损失。究其原因，主要是工业污染和饲料投放污染所致。如果大规模发展多年生人工牧草，既可以减少每季翻耕土地带来的水土流失，减少向河流海洋表层土壤的污染排放，又可以通过投放利用人工牧草加工（或发酵）生产的无公害饲料，提高水产渔业食品的安全程度。

海洋和河湖的农牧场化，其基本生产资料离不开饲料和肥料，人工牧草则是生产渔业饲料和海洋种植肥料的最好选择。将人工牧草作为江河湖海的农牧场化生物质源，可形成陆地与海洋河湖的良性生态循环，避免近海的有机污染，促进蓝色农业的持续发展。

### 6.家庭农场

家庭农场是以家庭成员为主要劳动力，从事农业规模化、集约化、商品化生产经营，并以农业收入为家庭主要收入来源的新型农业经营主体。我国种养结合家庭农场是伴随着生态农业的兴起及发展而产生的，目前我国家庭农场发展迅速，在促进生态农业发展方面发挥了积极作用。

我国的农业区大都为典型的种养结合区，种植业和养殖业形成物质能量互补的生态系统和农业系统，形成了一个良性的循环。在我国当前农业生产条件下，家庭农场非常适合实行种养结合的模式，能够及时调整种养比例，充分合理地利用农业资源，使农业系统中的食物链达到优化状态，从而提高农业生态系统的自我调节能力，达到经济效益、生态效益和社会效益三者的有机统一，促进生态农业的发展。

### 7.田园综合体

乡村作为生态经济系统，受现代市场经济的影响较大，必须利用信息文明，使农业文明的优秀传统与工业文明的先进技术相结合，促进农业产业结构的调整和农业发展模式的转变。田园综合体是集现代农业、休闲旅游、田园社区于一体的乡村综合发展模式，目的是通过旅游助力农业发展，促进三产融合。 田园综合体建设是当前乡村建设的重点，田园综合体的发展会极大地推进生态农业的发展步伐。

## （三）建设美丽乡村

工业化和城市化的快速推进，使我国乡村经济快速发展的同时，也出现了一些环境污染等问题。乡村是我国传统文化传承的载体，美丽乡村的建设不仅仅要让人民重新呼吸新鲜的空气，吃上放心的食物，而且要全方位审视农村和农业的发展模式，走城乡协调发展之路。

我国的乡村有着丰厚的生态文化传承，通过提升农业文明中的优秀生态文化，构建和谐的乡村文化体系，以提高农民群众的生态文明素养，引导农民破除陈规陋习，倡导绿色生活方式，培育乡村文明新风。生态文明理念的培育，除了传统的宣传教育渠道之外，更重要的是通过生态农业的实践，让农民在实践中切实感受到生态文明对改变传统生产方式带来的好处和收益，感受到绿色生活方式对自己生活质量的提升，使生态文明建设成为自觉行动。

通过实施人居生态环境提升工程，提高村民的生活品质，这是乡村生态文明建设的重要内容。要根据各地的文化历史传统，通过保护历史建筑、提升改造现有建筑、整治拆除破败建筑、规划新建特色建筑来规划乡村、美化村庄环境，加强农房院落和山水田林路综合整治，把单一的清洁工作提升为整治、绿化、美化的综合性工作，保持自然山水生态格局，实现村庄整体风貌与资源环境相协调，打造优美的乡村人居环境。

当前，乡村污水和垃圾治理是美丽乡村建设的重点。要根据各地的实际情况因地制宜治理乡村的水环境，开展生活污水处理，加强畜禽水产养殖污染治理，合理用水、节约用水、科学治水，实现水资源的合理配置和高效利用；实行"村收集、乡（镇）转运、县处理"的垃圾分类减量无害化处理改造模式，及时清运、处理生活垃圾，有效改善乡村人居环境，使乡村生态环境和卫生面貌发生根本性变化，引导农民开展秸秆还田、秸秆养畜，开展秸秆能源化利用设施建设，减少农业生产废弃物污染。

在传统村落的保护和发展中，必须走出一条既回归乡村发展规律，又体现与时俱进的时代特征之路。

第一，规划先行。传统村落的选址规划自古以"风水"为前提，实际上就是考虑当地的地质、地貌、水文、日照、风向、气候、资源和景观等方面的因素，传统文化中的宇宙观、自然观和审美观也体现在规划当中。保护和发展传统村落，要在制定统一的环境保护总体规划的基础上，实行多规合一。

第二，生活优先。必须尽可能地满足当地人的生活需要，国内外的古城、村落保护较好的，无一不是以当地人的生活优先为出发点的。

第三，建设基础设施。基础设施的缺乏是传统村落衰落的一个重要原因，通过供水、污水和垃圾处理、交通、水电，以及通信等生活配套设施的建设，改变农村环境"脏、乱、差"现象。

第四，保护生态环境。必须确定当地生态环境承载力阈值，划定生态保护红线，同时营造接近自然的人工自然环境。

第五，凸显村落特色。避免"千村一面、万村雷同"的现象，要依据当地的自然、文化传统和产业特点，打造个性化的村落。

第六，重视村落管理。对于传统村落的保护和发展，更重要的是在管理上要有健全完善的规章制度，依法依规办事。

第七，强调公众参与。规划和建设传统村落时，必须重视当地村民和社会公众的意见，不能暗箱操作。

农业农村部提出了中国美丽乡村建设十大创建模式：产业发展型（产业优势和特色明显，农民专业合作社、龙头企业发展基础好，产业化水平高，初步形成"一村一品""一乡一业"，实现了农业生产聚集、农业规模经营，农业产业链条不断延伸，产业带动效果明显，主要是在东部沿海等经济相对发达地区）、生态保护型（自然条件优越，水资源和森林资源丰富，具有传统的田园风光和乡村特色，生态环境优势明显，把生态环境优势变为经济优势的潜力大，适宜发展生态旅游，主要是在生态优美、环境污染少的地区）、城郊集约型（经济条件较好，公共设施和基础设施较为完善，交通便捷，农业集约化、规模化经营水平高，土地产出率高，农民收入水平相对较高，是大中城市重要的"菜篮子"基地，主要是在大中城市郊区）、社会综治型（区位条件好，经济基础强，带动作用大，基础设施相对完善，主要是在人数较多、规模较大、居住较集中的村镇）、文化传承型（乡村文化资源丰富，具有优秀的民俗文化及非物质文化，文化展示和传承的潜力大，主要是在具有特殊人文景观包括古村落、古建筑、古民居及传统文化的地区）、渔业开发型（产业以渔业为主，通过发展渔业促进就业，增加渔民收入，繁荣农村经济，渔业在农业产业中占主导地位，主要是在沿海和水网地区的传统渔区）、草原牧场型（草原畜牧业是牧区经济发展的基础产业，是牧民收入的主要来源，主要是在牧区半牧区的县、旗、市）、环境整治型（农村环境基础设施建设滞后，环境污染问题严重，当地农民群众对环境整治的呼声高、反应强烈，主要是在农村脏乱差问题突出的地区）、休闲旅游型（旅游资源丰富，住宿、餐饮、休闲娱乐设施完善齐备，交通便捷，距离城市较近，适合休闲度假，发展乡村旅游潜力大，主要是在适宜发展乡村旅游的地区）、高效农业型（以发展农业作物生产为主，农田水利等农业基础设施相对完善，农产品商品化率和农业机械化水平高，人均耕地资源丰富，农作物秸秆产量大，主要是在我国的农业主产区）。只有乡村全面振兴，生态农业的发展才有稳固的基础。

# 第三节 生态工业

发展绿色经济，从产业分工的角度看，在工业领域就是大力发展生态工业。发展生态工业是生态文明工业经济建设的本质，对实现国家经济的现代化和生态化起着主导作用。在生态文明理念的指导下，走出一条工业经济的绿色发展之路，推动传统工业产业的转型升级和新兴产业的培育发展，构建生态工业体系，实现工业发展与自然的和谐共生。

## 一、生态工业的含义和特征

### （一）生态工业的概念

生态工业是基于生态系统承载能力、保护生态环境的前提下，依据工业生态学原理，以现代科学技术为手段，通过两个或两个以上的生产体系或环节之内的系统来使物质和能量多级利用、持续利用，实现节约资源、清洁生产和废弃物循环利用，具有高效经济过程与和谐生态功能的网络型、进化型工业的综合工业发展模式。

工业革命以来，传统工业的发展只关注经济效益，没有生态效益的观念，导致工业生产陷入"高投入、高消耗、高污染"的怪圈，工业生产的发展使传统农业步入了工业化农业的发展阶段，环境污染和生态破坏使人类的生存环境受到严重的威胁。于是，在工业生态学的基础上，提出了生态工业的概念。

生态工业通过生态方式协调了工业生产过程中技术和生态的关系，有效地促进了价值流、物质流、信息流、能量流和人流的合理运转，使工业系统更加稳定、有序、协调，资源得到循环利用，突破了传统工业严重污染环境的弊端。生态工业的目标是经济效益和生态效益并重，资源利用方式强调资源集约利用和循环使用，产业结构、产业布局与生态系统和自然结构相适应，废弃物实行再利用，生态工业品的技术经济指标要符合资源能源节约、生态环境的保护和经济的绿色发展要求。

生态工业是按照工业生态学及复合生态系统的原理、原则与方法，通过人工规划、设计的一种新型工业组织形态。工业企业生态系统则主要指由工业企业及赖以生存和发展的利益相关者群体与外部环境之间所构成的相互作用的复杂系统。在工业企业生态系统中，工业企业之间、企业集群之间，以及产业园区之间，能够遵循自然界中的共生原理，实现企业、企业集群和产业园区之间的互利共生，使经济效益、社会效益实现最大化，同时使利益双方或多方均受益，并形成企业共同生存与发展的生态共生链与生态共生网络。

### （二）走生态工业的中国之路

我国在工业化过程中，资源、能源消耗持续增长，以煤为主的能源结构长期存在，工业污染排放复杂，控制环境污染和生态退化的难度较大。为解决资源消耗与环境保护间的矛盾，必须建立与经济发展相适应的资源节约型和环境友好型国民经济体系，走生态工业化道路。

生态工业化道路是科技含量高、经济效益好、资源消耗低、环境污染少、人力资源优势得到充分发挥的工业化道路。它是在新的历史条件下体现时代特点，符合我国国情的工业化道路。生态工业化是在传统工业化走到"增长的极限"转而寻求"增长质量"的产物，是发展观由工业发展转向生态发展的产物，因此生态工业化道路是资源节约、环境友好的发展之路。

2020年，绿色发展理念成为工业全领域、全过程的普遍要求，工业绿色发展推进机制基本形成。绿色制造产业快速发展，绿色产品大幅增加，电动汽车及太阳能、风电等新能源技术装备制造水平显著提升，节能环保装备、产品与服务等绿色产业形成新的经济增长点。绿色制造体系初步建立，绿色制造标准体系基本建立，绿色设计与评价得到广泛应用，建立百家绿色示范园区和千家绿色示范工厂，推广普及万种绿色产品，主要产业初步形成绿色供应链。

### （三）生态工业的结构

生态工业是模拟生态系统的功能，建立起相当于生态系统的"生产者、消费者、还原者"的工业生态链，以低消耗、低（或无）污染、工业发展与生态环境协调为目标的工业。而生态工业结构指通过符合生态规律的科学手段，把工业系统的结构规划成由资源生产、加工生产和还原生产三大工业部门构成的工业生态链。

资源生产部门。资源生产部门类似生态系统的初级生产者，以资源的开发利用为职责，逐渐以可再生资源、替代资源取代不可再生资源，为生态工业的生产提供初级原料和能源。

加工生产部门。加工生产部门类似于生态系统的消费者，打造资源节约、没有污染的生产过程，通过资源节约型、环境友好型技术，将初级资源加工转换成能够满足人们需要的生态工业品。

还原生产部门。还原生产部门是将社会生产过程和社会生活过程中所产生的各种副产品再资源化，或进行无害化处理，或转化为新的生态工业品等。

## （四）生态工业的分类

按照《绿色产业指导目录（2019 年版）》，生态工业涉及节能环保产业下的高效节能装备制造、先进环保装备制造、资源循环利用装备制造、新能源汽车和绿色船舶制造、资源循环利用 5 项二级分类中的 43 项三级分类，清洁生产产业下的产业园区绿色升级、无毒无害原料替代使用与危险废物治理、生产过程废渣处理处置及资源化综合利用 3 项二级分类中的 10 项三级分类，基础设施绿色升级下的建筑节能与绿色建筑、绿色交通、环境基础设施、城镇能源基础设施、海绵城市 5 项二级分类中的 29 项三级分类。

高效节能装备制造包括节能锅炉制造，节能窑炉制造，节能型泵及真空设备制造，节能型气体压缩设备制造，节能型液压气压元件制造，节能风机风扇制造，高效发电机及发电机组制造，节能电机制造，节能型变压器、整流器、电感器和电焊机制造，余热余压余气利用设备制造，高效节能家用电器制造，高效节能商用设备制造，高效照明产品及系统制造，绿色建筑材料制造，能源计量、监测、控制设备制造。

先进环保装备制造包括水污染防治装备制造，大气污染防治装备制造，土壤污染治理与修复装备制造，固体废物处理处置装备制造，减振降噪设备制造，放射性污染防治和处理设备制造，环境污染处理药剂、材料制造，环境监测仪器与应急处理设备制造。

资源循环利用装备制造包括矿产资源综合利用装备制造，工业固体废物综合利用装备制造，建筑废弃物、道路废弃物资源化无害化利用装备制造，餐厨废弃物资源化无害化利用装备制造，汽车零部件及机电产品再制造装备制造，资源再生利用装备制造，非常规水源利用装备制造，农林废物资源化无害化利用装备制造，城镇污水处理厂污泥处置综合利用装备制造。

新能源汽车和绿色船舶制造包括新能源汽车关键零部件制造和产业化，充电、换电及加氢设施制造，绿色船舶制造。

资源循环利用包括矿产资源综合利用，废旧资源再生利用，城乡生活垃圾综合利用，汽车零部件及机电产品再制造，海水、苦咸水淡化处理，雨水的收集、处理、利用，农业废弃物资源化利用，城镇污水处理厂污泥综合利用。

产业园区绿色升级包括园区产业链接循环化改造、园区资源利用高效化改造、园区污染治理集中化改造、园区重点行业清洁生产改造。

无毒无害原料替代使用与危险废物治理包括无毒无害原料生产与替代使用、危险废物处理处置、高效低毒低残留农药生产与替代。

生产过程废渣处理处置及资源化综合利用包括工业固体废弃物无害化处理处置及综合利用、包装废弃物回收处理、废弃农膜回收利用。

建筑节能与绿色建筑包括超低能耗建筑建设、绿色建筑、建筑可再生能源应用、装配式建筑、既有建筑节能及绿色化改造、物流绿色仓储。

绿色交通包括不停车收费系统建设，港口、码头岸电设施及机场廊桥供电设施建设，集装箱多式联运系统建设，智能交通体系建设，充电、换电、加氢和加气设施建设，城市慢行系统建设，城乡公共交通系统建设，共享交通设施建设，公路甩挂运输系统建设，货物运输铁路建设和铁路节能环保改造。

环境基础设施包括污水处理、再生利用及污泥处理处置设施建设，生活垃圾处理设施建设，环境监测系统建设，城镇污水收集系统排查改造建设修复，城镇供水管网分区计量漏损控制建设，入河排污口排查整治及规范化建设。

城镇能源基础设施包括城镇集中供热系统清洁化建设和改造，城镇电力设施智能化建设和改造，城镇一体化集成供能设施建设。

海绵城市包括海绵型建筑与小区建设，海绵型道路与广场建设，海绵型公园和绿地建设，城市排水设施达标建设和改造。

（五）生态工业的主要特征

生态工业的最基本特征就是共生性，工业生态系统中由工业企业等共生单元组成的共生体作为开放式的人工系统，具有自身的特点。

### 1.系统性与融合性

由工业企业等共生单元组成的共生体是开放式的人工系统,具有明显的系统性,表现为整体性、层次性、相关性和动态性等形式。同时,共生体内部的企业间还具有不断融合的趋势与特征。在融合过程中,通过改进技术,不断运用新的技术,以提高系统内各企业的环保水平,满足共生体生态化发展的要求。

### 2.合作性与竞争性

在工业企业共生体中,各企业间不是简单共处,也不是企业间副产品或废物的初级交换,而是依据工业生态学原理,按照一定的要求与模式,通过降低原材料消耗、实行清洁生产和节能减排、进行副产品的充分利用等,实现各企业的全面合作。在合作的同时,并不排斥竞争,在符合市场规则的前提下,通过竞争优胜劣汰,实现工业企业生态化运行的生态目标。

### 3.互利性与互动性

在工业企业共生体中,互利与共赢是企业作为共生单元建立业务联系的经济根源。工业共生单元之间必须使物质能量不断交换,才能实现互利共赢的目标。实现企业互利共赢的前提是互动,能量交换反映的就是不同企业之间的互动关系。要按照低消耗、低成本、原生态趋向的原则进行互动,企业共生体能够持续互利共赢的基础性条件是原生态趋向。从企业上下游的依存关系看,企业间共生的互动关系有主动—被动、主动—主动、主动—顺动和顺动—被动等,互动关系都必须遵循生态化的原则。

### 4.协调性与动态均衡性

工业企业共生体的内在属性要求通过共生单元间的数量协调和质量协调等达到某种程度的均衡。在能量转换的过程中,数量协调是企业间的供应链上每个环节的投入产出,质量协调强调的是协调的效率,协调的过程是一个不平衡—平衡—新的不平衡—新的平衡的动态过程。均衡是在自然生态环境承载力范围内的均衡,协调是在生态发展前提下的协调。

## 二、生态工业体系建设

### （一）开发绿色产品

绿色产品是指在全生命周期过程中，符合环境保护要求，对生态环境和人体健康无害或危害小、资源能源消耗少、品质高的产品。

2020年，初步建立系统科学、开放融合、指标先进、权威统一的绿色产品标准、认证、标识体系，健全法律法规和配套政策，实现一类产品、一个标准、一个清单、一次认证、一个标识的体系整合目标。绿色产品评价范围逐步覆盖生态环境影响大、消费需求旺、产业关联性强、社会关注度高、国际贸易量大的产品领域及类别，绿色产品市场认可度和国际影响力不断提高，绿色产品市场份额和质量效益大幅提升，绿色产品供给与需求失衡现状有效扭转，消费者的获得感显著增强。

### （二）创建绿色工厂

绿色工厂是实现用地集约化、生产洁净化、废物资源化和能源低碳化的工厂。2018年，《绿色工厂评价通则》正式发布，明确了绿色工厂的术语定义，从基本要求、基础设施、管理体系、能源资源投入、产品、环境排放和绩效等方面，按照"厂房集约化、原料无害化、生产洁净化、废物资源化、能源低碳化"的原则，建立了绿色工厂系统评价指标体系，提出了绿色工厂评价通用要求。

绿色工厂是制造业的生产单元，是绿色制造的实施主体，构成了绿色制造体系的核心支撑单元，侧重于生产过程的绿色化，应该在保证产品功能、质量及制造过程中员工职业健康安全的前提下，引入生命周期思想，满足基础设施、管理体系、能源与资源投入、产品、环境排放，以及环境绩效的综合评价要求。

### （三）建设生态工业园

生态工业园是我国的第三代产业园，生态工业园建设是实现生态工业的重要途径。

生态工业园是未来我国工业园建设的方向，经济技术开发区、高新技术产业开发区将逐步建设成生态工业园。

优化工业用地布局和结构，提高土地节约集约利用水平。积极利用余热余压废热资源，推行热电联产、分布式能源及光伏储能一体化系统应用，建设园区智能微电网，提高可再生能源使用比例，实现整个园区能源梯级利用。加强水资源循环利用，推动供水、污水等基础设施绿色化改造，加强污水处理和循环再利用。促进园区内企业间废物资源的交换利用，在企业、园区之间通过链接共生、原料互供和资源共享，提高资源利用效率。推进资源环境统计监测基础能力建设，发展园区信息、技术、商贸等公共服务平台。

## （四）建设绿色供应链

绿色供应链是将生态环境保护的原则纳入供应商管理机制，使供应商提供的产品具有环保概念，增强市场竞争力。绿色供应链的主要内容包括绿色采购、绿色制造、绿色销售、绿色消费、绿色回收，以及绿色物流等供应链的各个环节。

《关于加强工业园区环境保护工作的指导意见》提出，鼓励企业开展绿色供应链管理，对产品设计、原料选择、制造过程、物流、回收以及最终处置等环节进行绿色改造，尽可能减少对环境的负面影响。

2018年4月，商务部等部门印发了《关于开展供应链创新与应用试点的通知》，将构建绿色供应链作为重点任务，引导地方和企业走绿色之路，促进生态环境质量改善。

从城市来看，通过深化政府绿色采购、建立绿色供应链制度，推动环保行业发展，推进绿色消费，来构建绿色供应链；从企业来看，要以全过程、全链条、全环节的绿色发展为导向，优先采购和使用节能、节水、节材等环保产品、设备和设施，促进形成科技含量高、资源消耗低、环境污染少的产业供应链。

## （五）发展生态产业集群

产业集群是指在特定区域（主要以经济为纽带而联结的区域）中，具有竞争与合作关系，且在地理上相对集中，由交互关联性的企业、供应商、金融机构、服务性企业、相关产业的厂商及其他相关机构等组成的特定群体。

产业集群超越了一般产业范围，形成了在特定区域内多个产业相互融合、众多企业及机构相互联结的共生体，从而生成该区域的产业特色与竞争优势。产业集群及区域合作模式的选择，实质是共生理论在产业链接与区域合作中的应用。生态产业集群的核心是模仿自然生态系统，应用物种共生、物质循环的原理，设计出资源、能源多层次利用的生产工艺流程，目标是促进产业集群与环境的协调发展，通过合理开发利用区域生态系统的资源与环境，使资源在产业集群内得到循环利用，从而减少废弃物的产生，最终实现产业与环境的和谐。

我国产业园区以传统制造产业为主，缺乏第一、第二、第三产业之间的有机融合，在互联网经济崛起的背景下，要发展生态产业集群，必须形成以人才和企业为中心的双重生态体系，与互联网金融产业、创意产业、文化产业、休闲养生产业相融合，才能打造出全新的园区生态集群。

通过发展以生态文明理念为指导的生态产业集群，可以加快生态工业建设的步伐，提升区域经济合作的成效，推动区域经济一体化的进程。

## 三、发展生态工业的路径

### （一）推动企业绿色战略的实施

要发展生态工业，必须制定企业的绿色发展战略，在生态文明理念的指导下，制定企业进行绿色开发、实施绿色生产、开展绿色营销和培育绿色企业文化的总体规划。企业绿色战略的实施，在实现经济效益和生态效益有机结合的同时，也履行了企业应尽的社会责任。

引导企业建立集资源、能源、环境、安全、职业卫生于一体的绿色管理体系，将绿色管理贯穿于企业研发、设计、采购、生产、营销和服务等全过程，实现生产经营管理全过程绿色化。培育一批具有自主品牌、核心技术能力强的绿色龙头骨干企业，发挥大型企业集团示范带动作用，在绿色发展上先行先试，引导企业建立信息公开制度，定期发布社会责任报告和可持续发展报告。

### （二）发展绿色科技

绿色科技指的是以保护人体健康和人类赖以生存的环境，促进经济可持续发展为核心内容的所有科技活动。

现代科学技术发展日新月异，信息技术和高新技术的运用，极大地节约了自然资源和劳动力资源，使各种生产要素的流动更为方便，电子计算机、云计算、大数据的发展，使存储处理信息成为可能，人类智能和人工智能的结合使信息增值有了更广阔的前景，以科技创新为支撑的绿色发展成为战略选择。

## （三）推进工业绿色协调发展

工业的绿色协调发展是指在发展生态工业过程中，必须发挥地区的比较优势，创新区域工业发展政策，完善区域工业发展机制，加强区域工业的协调、协同、共同发展，促进区域工业绿色发展。

## （四）提升工业绿色智能水平

随着传统制造业绿色化改造升级步伐的加快，智能制造在提升绿色制造水平中的作用越来越重要，绿色制造对排放无害化处理的能力和效率的要求越来越高，智能化技术的广泛运用为绿色制造提供了技术手段，极大地提高了生产效率，进一步实现资源的循环利用，"绿色+智能"成为生态工业发展的一个重要特点。

同时，推动能源管理智慧化，实施数字能效推进计划，加大能源管控中心建设力度，积极培育工业节能云服务市场，创新能耗监管模式；促进生产方式绿色精益化，利用移动互联网、云计算、大数据、物联网及分享经济模式，促进生产方式绿色转型，加快形成企业智能环境数据感知体系，加快绿色数据中心建设，发展大规模个性化定制、网络协同制造、远程运维服务，推动电子商务企业直销或与实体企业合作经营绿色产品和服务，利用线上线下融合等模式推动绿色消费习惯形成；创新资源回收利用方式，发展"互联网+"回收利用新模式，支持利用电子标签、二维码等物联网技术，鼓励互联网企业积极参与工业园区废弃物信息平台建设。

## （五）提高工业绿色发展基础能力

没有坚实的工业绿色发展基础能力，不可能有强大的绿色制造业，完善的生态工业体系的建立就没有扎实的基础。

同时，健全标准体系，构建绿色产品、绿色工厂、绿色园区和绿色供应链等绿色制造标准体系，提高节能要求，加快节能减排标准修订，提升标准的国际化水平；建立评价机制，加快建立自我评价、社会评价与政府引导相结合的绿色制造评价机制，加快制定绿色制造评价制度，开展绿色产品、绿色工厂、绿色园区和绿色供应链评价试点，鼓励引导第三方服务机构创新绿色制造评价及服务模式，强化绿色评价结果应用；夯实数据基础，加快建设覆盖工业产品全生命周期的生态影响基础数据库，推动建设绿色生产基础数据库和产值数据库，支持重点行业建设行业绿色制造生产过程物质流和能量流数据库，建立绿色产品可追溯信息系统，完善数据计量、信息收集、监测分析保障体系，开发企业生产数据与数据库公共服务平台对接的软件系统；强化创新服务，鼓励企业与高校、科研机构、服务机构共建研发中心、实验室和中试基地等科技创新载体，推进建设若干国家绿色创新示范企业和企业绿色技术中心，建立产业绿色创新联盟等创新平台，加强绿色制造关键核心技术知识产权储备，提升绿色制造项目甄别、技术鉴定、成果推广和信息交流等服务能力，实施绿色制造培训行动计划。

## （六）促进工业绿色开放发展

随着全球经济一体化程度日益加深，国家（地区）之间经济活动的相互关联度、依存度越来越高，工业领域的深度合作成为一大趋势，工业的绿色发展依赖于对外开放的进一步扩大，更离不开国际合作。

推进绿色国际经济合作，在"一带一路"等国际合作中贯彻绿色发展理念，着眼于全球资源配置，推动绿色制造和绿色服务率先走出去。强化绿色科技国际合作，吸引全球顶尖研发资源和先进技术转移，加快建立国际化的绿色技术创新平台。完善对外交流合作长效机制，推动建立公平、透明、合理的全球绿色发展新秩序，加强与联合国开发计划署、全球环境基金等的合作，继续推进与联合国工业发展组织在工业绿色发展领域的合作交流，深入推进中欧绿色产品政策交流与对话，加强中美绿色能源开发利用领域交流合作，支持港澳等地区与内地合作开展节能环保展示交流活动。

## （七）大力发展节能环保产业

发展节能环保产业，是培育发展新动能、提升绿色竞争力的重大举措，是补齐资源环境短板、改善生态环境质量的重要支撑。我国有全球最大的节能环保市场，推动节能环保产业和传统产业融合发展，才能促进经济社会发展绿色转型，以最小的成本取得更大的环境和社会效益。

# 第四节 生态服务业

发展绿色经济，从产业分工角度看，在服务业领域就是大力发展生态服务业。服务业是服务产品生产和经营的行业，主要是指农业、工业、建筑业以外的其他行业。人们往往把第三产业称为服务业，服务业的主要职能是利用设备、工具、场所、信息或技能为社会提供各种各样的服务。随着经济和社会的发展，传统服务业污染问题已成为继工业污染之后的又一种环境污染的来源。发展生态服务业，符合服务业在资源耗费、环境保护等方面的特殊性，对建设绿色经济体系起到重要的作用。

## 一、生态服务业的内涵

### （一）生态服务业的概念

生态服务业是以生态文明理念为指导，在绿色技术和现代管理创新的条件下，利用符合生态环境要求的设备、场所和工具，依靠互联网和物联网提供的信息，以知识为基础技能，为社会提供各类服务的服务业。例如，生态物流业，信息传输、计算机服务和软件业，生态住宿和餐饮业，绿色金融业，绿色房地产业，绿色租赁和商务服务业，绿色水利、环境和公共设施管理业、生态教育、绿色卫生、社会保障和社会福利业，生态文化、体育和娱乐业等。

生态服务业是生态产业的重要组成部分，具有三个典型特征：一是理念生态化，强调在传统服务业基础上，注重经营理念的生态化，符合生态经济的特点。二是资源持续化，打破传统服务业资源—产品—污染排放的经济模式，强调资源再生利用。三是过程绿色化，强调服务主体、服务途径及消费模式绿色化、清洁化，如建设绿色市场，建立市场废弃物回收再生利用机制，开展不同形式的服务途径清洁化过程，倡导消费者选择绿色产品和有机产品等。

## （二）服务业的生态化

### 1.服务主体生态化

对服务主体进行生态化改造，如有针对性地对服务业中的贸易市场、百货商场、旅馆饭店、运输企业等服务企业开展诸如工业企业中的清洁生产审计、环境标志认证、生态文化创建等企业生态化措施，从企业层次打造绿色经济环节，实现物质循环流动并抑制污染的发生。

### 2.服务过程清洁化

服务企业通过一定的方式和途径为人们的日常生活提供服务，如贸易市场通过市场建设和招商揽客连接起生产和需求，商场卖场通过各种形式的产品展示和宣传来销售各种生产和生活用品，餐饮企业通过膳食原料的采集、调配和烹饪等工序来满足人们的饮食需求，宾馆旅店通过客房布置、食宿安排、用具供给等为住客提供洗漱、餐饮、休息等生活服务，运输企业通过路线规划、行程安排、车辆使用等提供人员输送或货物配运等。在整个服务提供的过程中，要坚持绿色化。

### 3.消费模式绿色化

要引导消费者改变传统消费模式，推行绿色消费，如倡导消费者选择未被污染或有助于公众健康的绿色产品，在消费过程中注重对废弃物的处置，引导消费观念向崇尚自然、追求健康方面转变，注重生态环境保护和节约资源能源。

### 4.与其他产业耦合化

构建生态服务业与其他产业最优化的产业生产链和物质、能量循环流动链，如批发零售服务企业与工业、农业生产企业通过协议构建起物质循环链，市场或商场优先考虑采购和展销工农企业生产的绿色产品，优先宣传和促销，同时工农生产企业有责任和义务回收并再利用市场或商场销售过程中产生的包装废弃物、破损物资等，通过合作来促进服务业的生态化转向。

## （三）生产性生态服务业的分类

按照《绿色产业指导目录（2019年版）》，生产性生态服务业涉及绿色服务下的咨询服务、项目运营管理、项目评估审计核查、监测检测、技术产品认证和推广5项二级分类中的全部 31 项三级分类，节能环保产业下的节能改造、污染治理 2 项二级分类中的 20 项三级分类，清洁生产产业下的无毒无害原料替代使用与危险废物治理、生产过程废气处理处置及资源化综合利用、生产过程节水和废水处理处置及资源化综合利用、生产过程废渣处理处置及资源化综合利用 4 项二级分类中的 13 项三级分类，生态环境产业下的生态保护、生态修复 2 项二级分类中的 11 项三级分类，基础设施绿色升级下的建筑节能与绿色建筑、绿色交通、环境基础设施、城镇能源基础设施、海绵城市、园林绿化 5 项二级分类中的 35 项三级分类。

咨询服务包括绿色产业项目勘察服务、绿色产业项目方案设计服务、绿色产业项目技术咨询服务和清洁生产审核服务。

项目运营管理包括能源管理体系建设、合同能源管理服务、用能权交易服务、水权交易服务、排污许可及交易服务、碳排放权交易服务、电力需求侧管理服务和可再生能源绿色证书交易服务。

项目评估审计核查包括节能评估和能源审计、环境影响评价、碳排放核查、地质灾害危险性评估和水土保持评估。

监测检测包括能源在线监测系统建设、污染源监测、环境损害评估监测、环境影响评价监测、企业环境监测、生态环境监测。

技术产品认证和推广包括节能产品认证推广、低碳产品认证推广、节水产品认证推广、环境标志产品认证推广、有机食品认证推广、绿色食品认证推广、资源综合利用产品认定推广和绿色建材认证推广。

节能改造包括锅炉（窑炉）节能改造和能效提升、电机系统能效提升、余热余压利用、能量系统优化、绿色照明改造和汽轮发电机组系统能效提升。

污染治理包括良好水体保护及地下水环境防治、重点流域海域水环境治理、城市黑臭水体整治、船舶港口污染防治、交通车辆污染治理、城市扬尘综合整治、餐饮油烟污染治理、建设用地污染治理、农林草业面源污染防治、沙漠污染治理、农用地污染治理、噪声污染治理、恶臭污染治理和农村人居环境整治。

无毒无害原料替代使用与危险废物治理危险废物运输。

生产过程废气处理处置及资源化综合利用包括工业脱硫脱硝除尘改造、燃煤电厂超低排放改造、挥发性有机物综合整治和钢铁企业超低排放改造。

生产过程节水和废水处理处置及资源化综合利用包括生产过程节水和水资源高效利用、重点行业水污染治理、工业集聚区水污染集中治理和畜禽养殖废弃物污染治理。

生产过程废渣处理处置及资源化综合利用包括工业固体废弃物无害化处理处置及综合利用、历史遗留尾矿库整治、包装废弃物回收处理和废弃农膜回收利用。

生态保护包括自然保护区建设和运营，生态功能区建设维护和运营，国家公园、世界遗产、国家级风景名胜区、国家森林公园、国家地质公园、国家湿地公园等保护性运营。

生态修复包括国家生态安全屏障保护修复，重点生态区域综合治理，矿山生态环境恢复，荒漠化、石漠化和水土流失综合治理，地下水超采区治理与修复，采煤沉陷区综合治理，农村土地综合整治，以及海域、海岸带和海岛综合整治。

建筑节能与绿色建筑包括超低能耗建筑建设、绿色建筑、建筑可再生能源应用、装配式建筑、既有建筑节能及绿色化改造，以及物流绿色仓储。

绿色交通包括不停车收费系统运营，集装箱多式联运系统运营，智能交通体系运营，充电、换电、加氢和加气设施运营，城市慢行系统运营，城乡公共交通系统运营，共享交通设施运营，公路甩挂运输系统运营，以及货物运输铁路运营。

环境基础设施包括污水处理、再生利用及污泥处理处置设施运营，生活垃圾处理设施运营，环境监测系统运营，城镇供水管网分区计量漏损控制运营，以及入河排污口排查整治运营。

城镇能源基础设施包括城镇集中供热系统清洁化运营、城镇电力设施智能化运营和城镇一体化集成供能设施运营。

海绵城市包括海绵型建筑与小区运营、海绵型道路与广场运营、海绵型公园和绿地运营和城市排水设施达标运营。

园林绿化包括公园绿地建设、养护和运营，绿道系统建设、养护管理和运营，附属绿地建设、养护管理和运营，道路绿化建设、养护管理，区域绿地建设、养护管理和运营，以及立体绿化建设、养护管理。

## （四）生态服务业的作用

### 1.发展生态服务业有利于促进绿色经济的发展

建设生态文明，必须坚持绿色发展。生态服务业具有低自然依赖和高需求弹性的特点，在促进传统产业绿色化，生产全过程绿色化、生态化方面能起到巨大的促进作用，是适应创新发展、协调发展、绿色发展、开放发展、共享发展的需要，同时处于产业链的利润高端，是转变经济增长方式的重要手段。大力发展生态服务业，符合生态文明建设的基本方向,有利于经济增长方式的转变和产业结构的调整。

### 2.发展生态服务业有利于深化供给侧结构性改革

党的十九大报告提出,建设现代化经济体系,必须把提高供给体系质量作为主攻方向,显著增强我国经济质量优势。"支持传统产业优化升级,加快发展现代服务业,瞄准国际标准提高水平"是深化供给侧结构性改革的重要举措之一。生态服务业能够推动服务业转型升级,拓展新领域,推广新业态,扩大信息技术、电子商务、研发设计和现代物流等高技术含量、高附加值、高带动能力的服务业新业态的市场份额。

### 3.发展生态服务业有利于增加就业

生态服务业具有高人力资本含量、高技术含量和高附加值等特点,主要以基础服务、生产和市场服务、个人消费服务三类服务为载体。生态服务业对地方经济社会发展的拉动作用非常大,生态服务业项目拉动就业较为明显,一个好的生态服务业项目,可以解决几千、几万人的就业问题,同时也有利于农村劳动力转移和群众增收。

# 二、生态服务业的内容

## (一) 高端生产性生态服务业

高端生产性生态服务业是一个相对概念,指的是在生产性生态服务业产业链中属于更高知识含量、更高附加值的行业。

### 1.科技创新服务

科技创新服务是原创性科学研究和技术创新服务的总称,是指创造和应用新知识和新技术、新工艺,采用新的生产方式和经营管理模式,开发新产品,提高产品质量,提供新服务的过程。科技创新服务分为知识创新服务、技术创新服务和现代科技引领的管理创新服务,涉及政府、企业、科研院所、高等院校、国际组织、中介服务机构和社会公众等多个主体,包括人才、资金、科技基础、知识产权、制度建设和创新氛围等多个要素,是各创新主体、创新要素交互作用下的一种复杂涌现现象,是一类开放的复杂巨系统。

### 2.信息服务

信息服务业是利用计算机和通信网络等现代科学技术，对信息进行生产、收集、处理、加工、存储、传输、检索和利用，并以信息产品为社会提供服务的专门行业的综合体，主要分为三大类，即信息传输服务业、IT 服务业（信息技术服务业）和信息资源产业（主要指信息内容产业）。

### 3.供应链管理服务

供应链管理服务是基于现代信息技术对供应链中的物流、商流、信息流和资金流进行设计、规划、控制和优化，将单一、分散的订单管理、采购执行、报关退税、物流管理、资金融通、数据管理、贸易商务和结算等进行一体化整合的服务。

### 4.专业服务

专业服务是指某个组织或个人，应用某些方面的专业知识和专门知识，按照客户的需要和要求，为客户在某一领域内提供特殊服务，其知识含量和科技含量都很高，是已经获得和将要继续获得巨大发展的行业。专业服务可以分为生产者、专业服务和消费者专业服务，具体包括法律服务、会计、审计和簿记服务、税收服务、咨询服务、管理服务、与计算机相关联的服务、生产技术服务、工程设计服务、集中工程服务、风景建筑服务、城市规划服务、旅游机构服务、公共关系服务、广告设计和媒体代理服务、人才猎头服务、市场调查服务和其他服务。

### 5.文化创意服务

文化创意服务具有高知识性、高增值性和低能耗、低污染等特征，包括设计服务、商标著作权转让服务、知识产权服务、广告服务和会议展览服务。推进文化创意服务等新型、高端服务业的发展，促进与实体经济的深度融合，是培育经济新的增长点、提升文化软实力和产业竞争力的重大举措，是发展创新型经济、促进经济结构调整和发展方式转变、加快实现由"中国制造"向"中国创造"转变的内在要求，是促进产品和服务创新、催生新兴业态、带动就业、满足多样化消费需求和提高人民生活质量的重要途径。

### 6.环保节能服务

环保节能服务业是指与环境保护相关的服务贸易活动，是现代服务业的重要分支，不仅在生产性服务业中占有很大的比例，而且在消费性服务业中占有很重要的地位。环保节能服务具体分为环境技术服务、环境咨询服务、污染治理设施运营管理、废旧资源回收处置、环境贸易与金融服务、环境功能及其他环境服务等。

## （二）优势生产性生态服务业

### 1.金融服务

金融服务是指金融机构通过开展业务活动为客户提供包括融资投资、储蓄、信贷、结算、证券买卖、商业保险和金融信息咨询等多方面的服务。我国金融服务业目前包括银行、证券、信托和保险等，金融、保险业包括中央银行、商业银行、其他银行、信用合作社、信托投资业、证券经纪与交易业、其他非银行金融业和保险业等。

### 2.物流服务

物流服务是从接收顾客订单开始，到将商品送到顾客手中为止，所发生的所有服务活动。物流服务可使交易的产品或服务实现增值，本质是更好地满足顾客的需求，保证顾客需要的商品在要求的时间内准时送达，服务能达到顾客所要求的水平等。生态物流服务要求在尽可能节约资源能源的前提下，有效完成商品的供应，减轻客户的物流作业负担和提高作业效率，为客户节省更多的资金。

### 3.服务贸易

服务贸易是一国的法人或自然人在其境内或进入他国境内向外国的法人或自然人提供服务的贸易行为。主要方式有从一成员境内向任何其他成员境内提供服务，在一成员境内向任何其他成员的服务消费者提供服务，一成员的服务提供者在任何其他成员境内以商业存在提供服务，以及一成员的服务提供者在任何其他成员境内以自然人的存在提供服务。服务包括商业服务、通信服务、运输服务、建筑及有关工程服务、销售服务、教育服务、环境服务、金融服务、健康与社会服务、与旅游有关的服务，以及娱乐、文化与体育服务等。

### 4.教育培训服务

近年来，将知识教育资源信息化的机构或在线学习系统提供的服务正逐渐兴起。这种教育培训服务有实体机构，也有网站，包含提供从幼教到大学甚至博士、出国留学等各个阶层的教育信息的服务，也包括对现任职位的工作者或者下岗人员等类别的技能培训提供的服务。在这种服务的过程中，一是强调服务过程的生态化，二是在教育培训服务中贯彻生态教育培训的理念，促进教育培训服务业的真正生态化。

**5.商贸服务**

商贸服务行业是指为企业提供服务的行业划分，涵盖了诸多行业，如法律服务、商旅服务、信息咨询、广告服务、公关服务、教育培训、特许经营、金融服务和保险理赔等众多行业，是符合现代服务业要求的人力资本密集行业，也是高附加值行业。

**6.农业社会化服务**

农业社会化是指农业由孤立的、封闭的生产方式，转变为分工细密、协作广泛、开放型的生产方式的过程。农业社会化服务是为农业社会化提供的一系列服务，是农业生产商品化发展到一定阶段的产物。农业社会化服务的内容主要包括产前服务、产中服务、产后服务、经营管理服务、教育培训服务、金融服务，以及生活服务等。农业社会化服务的生态化，对建设美丽乡村、发展生态农业有重大的促进作用。

## （三）生活性生态服务业

**1.生态旅游服务**

生态旅游业是集多种产业于一体的综合性产业，强调节约资源能源、保护生态环境，其产业特征是综合性、动态性和持续性。生态旅游业密度高、链条长、拉动大，能拓展第一、第二产业的市场，同时为其他服务业的发展带来机遇，促进地区产业结构的优化和升级，对加快地方经济的发展有巨大的推动作用。

**2.健康服务**

健康服务业以维护和促进人民群众身心健康为目标，主要包括医疗服务、健康管理与促进、健康保险及相关服务，涉及药品、医疗器械、保健用品、保健食品、健身产品等支撑产业。健康服务业是以医疗服务为中心的前移和后延，市场需求弹性相对大、市场机制作用大。健康服务业的生态化，有助于绿色消费方式的培育，促进第一、第二产业的生态化进程。

**3.养老服务**

养老服务指的是为老年人提供必要的生活服务，满足其物质生活和精神生活的基本需求。第七次全国人口普查数据显示，我国60岁及以上人口为26 402万人，占总人口的18.70%。与2010年相比，60岁及以上人口的比重上升5.44%。人口老龄化程度进一步加深，未来一段时期将持续面临人口长期均衡发展的压力，这也为养老服务业提供了广阔的发展空间。

### 4.体育服务

体育服务是指具有一定的体育专门知识、经验、技能的能够从事体育服务生产的人，为生产体育服务这种特殊的使用价值而进行的有目的的活动。体育服务业是服务业的一部分，同时也是体育产业的主体部分，其水平及程度是体育产业是否成熟的重要标志，直接影响到整个体育产业的发展，对经济社会的发展起到积极的作用。体育服务设施的建设、体育服务提供的过程，也要符合绿色生态的要求。

### 5.居民和家庭服务

居民和家庭服务是指雇家庭雇工的家庭住户和家庭户的自营活动，以及在雇主家庭从事有报酬的家庭雇工的活动，包括钟点工和居住在雇主家里的家政劳动者的活动。居民和家庭服务以家庭为主要服务对象，以家庭保洁、衣物洗涤、烹饪、家庭护理、婴幼儿看护等家庭日常生活事务为主要服务内容，由家庭服务经营者提供的营利性服务活动。在居民和家庭服务提供过程中，尤其要注意节约能源资源和保护生态环境的行为，要使居民和家庭服务的生态化贯穿整个服务的全过程。

## 三、发展生态服务业的路径

### （一）加速生态服务业业态创新

2017年，国家发展改革委印发的《服务业创新发展大纲（2017—2025年）》提出，加快服务业创新发展，增强服务经济发展新动能。2019年，国家发展改革委等15个部门印发的《关于推动先进制造业和现代服务业深度融合发展的实施意见》提出，推动先进制造业和现代服务业相融相长、耦合共生。

### 1.加快推进制造业服务化

制造业服务化强调制造业要和服务业融合发展，既需要宏观政策的支撑，又需要重点行业的龙头企业发挥品牌技术优势，因此要结合《中国制造2025》，完善政策体系，积极推动制造业服务化转型。

一是完善政策体系。要建立一体化的产业政策体系，消除服务业和制造业之间在税收、金融、科技和要素价格之间的政策差异，降低交易成本。同时，要从客户需求的视角整合行业管理部门的职能，制定相互协调融合的行业监管、支持政策，形成合力，推动制造业服务化。

二是实施重点突破。实施服务型制造行动计划，开展示范试点，引导和支持有条件的企业首先实现突破，由提供设备向提供系统集成总承包服务转变，由提供产品向提供整体解决方案转变。从制造业服务化的典型案例和发展趋势来看，重点是装备制造业、白色家电制造业、电子信息消费品制造业，以及衣饰家具制造业等行业。

三是强化信息技术支撑。要大力发展行业性、区域性、产业链协同等公共服务平台，重点提供工业设计、在线管理、电子商务和信息情报等方面的服务，创造条件，将信息技术融入产品研发设计、生产制造和经营管理等各个环节和产品性能之中，大力发展数字制造、人工智能、工业机器人，以及增量制造，提高制造的敏捷性和柔性，为大规模定制化生产提供可能，提高产品质量和数字化、智能化水平。同时，以信息技术为基础，为用户提供自动化生产线、系统集成和远程监控等服务。

四是完善制造业服务化生态。把高技术现代服务业和高技术制造业全部纳入高新技术产业的范畴，给这些产业研究开发以支持，而且要根据现代服务业研究开发的特点，给予特殊的政策。同时，制造业服务化会衍生出 IT 技术系统解决方案、3D 虚拟仿真设计、融资租赁业务、逆向信贷等新兴服务业态，要加大支持力度。

五是打造生产性服务业功能区和公共服务平台。要以中心城市为枢纽，建立服务功能区，重点发展研发设计、信息、物流、商务和金融等现代服务业，提升产业结构层次，加强产业配套能力建设，增强区域辐射能力。要在已有的制造业产业集群内部或者附近，建立研发设计、物流服务、质量检验检测认证、市场营销和供应链管理等生产性服务公共平台，以降低制造业集群的交易成本，优化投资环境。要在各种高新技术园区，或者知识密集型制造业的集群内部或者周边，建立为其服务的研发平台，以及法律、工程、融资、信息、咨询、设计、租赁、物流和政策支撑体系。

### 2.促进与互联网的深度融合

互联网的兴起重构了传统行业，但传统服务业的互联网化不是将业务从线下搬到线上，而是重塑服务业的价值链，带来新的业态和全新的商业模式。

一是树立互联网、大数据思维，推动物联网、人工智能、区块链等现代信息技术在生态服务领域的深度应用，促进生态服务业数字化、智能化发展。

二是推进生态服务业数字化。鼓励利用新一代信息技术，改造、提升生态服务业，创新要素配置方式，推动生态服务产品数字化、个性化和多样化。加强数据资源在生态服务领域的开发利用和云服务平台建设，推进政府信息、公共信息等数据资源开放共享，发展大数据交易市场。全面推进重点领域大数据高效采集、有效整合、安全利用和应用拓展。

三是促进生态服务业智能化。培育人工智能产业生态，促进人工智能在教育、环境保护、海洋、交通、商业、健康医疗、金融、网络安全和社会治理等重点领域的推广应用，促进规模化发展。丰富移动智能终端、可穿戴设备等服务内容及形态。

四是夯实网络基础。加快新一代宽带基础设施建设和应用，提高泛在海量接入能力、弹性资源服务能力和网络安全保障能力。积极布局工业互联网相关基础设施和平台建设，开拓转型发展新空间，助力制造强国建设。

五是发展平台经济。提升面向各行业的业务平台服务水平，开放平台能力，培育壮大细分领域生态系统，为中小微企业提供创新创业网络环境。

### 3.培育"四新"服务业态

"四新"服务业态是指新技术、新产业、新业态、新模式。要营造激励生态服务业创新发展的宽松环境，促进技术工艺、产业形态和商业模式创新应用。

在发展新技术、新产业上，要从两大方面进行创新：一是提升技术创新能力。要强化企业技术创新主体地位，引导建立研发机构，打造研发团队，加大研发投入。推动"政产学研用"合作和跨领域创新协作，鼓励社会资本参与应用型研发机构市场化改革。鼓励龙头企业牵头建立技术创新战略联盟，开展共性技术联合开发和推广应用。激发中小微生态服务企业创新活力，促进"专精特新"发展。充分发挥协会、商会在推动行业技术进步中的作用。鼓励生态服务提供商和用户通过互动开发、联合开发、开源创新等方式，构建多方参与的技术创新网络。促进人工智能、生命科学、物联网和区块链等新技术研发，及其在生态服务领域的转化应用。建立多层次、开放型技术交易市场和转化平台。二是加强产业创新和技能工艺创新。运用新成果、新技术产生或延伸出一定规模的新型经济活动，适应生态服务专业化、精细化和个性化发展的要求，支持生态服务企业研发应用新工艺，提升设计水平，优化服务流程。鼓励挖掘、保护、发展传统技艺，利用新技术开发现代工艺，更好地弘扬传统工艺。大力弘扬新时期工匠精神，保护一批传统工艺工匠，培养一批具有精湛技艺的高技能人才。

在发展新业态、新模式上，要从三个方面着手：一是鼓励平台经济发展。要适应平台经济快速发展需要，加快完善有利于平台型企业发展的融资支持、复合型人才供给、兼并重组等政策，明确平台运营规则和权责边界，提升整合资源、对接供需、协同创新功能。二是支持平台型企业带动和整合上下游产业。支持分享经济发展，建立健全适应分享经济发展的企业登记管理、灵活就业、质量安全、税收征管、社会保障、信用体系和风险控制等政策法规，妥善协调并保障各方合法权益。引导企业依托现有生产能力、基础设施、能源资源等发展分享经济，提供基于互联网的个性化、柔性化和分布式服务。三是促进体验经济发展。鼓励企业挖掘生产、制造、流通各环节的体验价值，利用虚拟现实等新技术创新体验模式，发展线上线下新型体验服务；加强体验场所设施的质量和安全监管。

## （二）加强生态服务业载体建设

### 1.优化生态服务业发展格局

第一，优化生态服务业区域布局。要鼓励跨区域生态服务业合作，促进生态服务业梯度转移和有序承接。依托"一带一路"核心区和节点城市，扩大服务开放合作力度。结合脱贫攻坚，以生活服务和特色产业为重点，支持革命老区、民族地区、边疆地区、贫困地区及资源枯竭、产业衰退、生态严重退化等地区的生态服务业加快发展。

第二，构建城市群生态服务业网络。要优化生态服务业空间组织模式，促进城市群生态服务业联动发展和协同创新。要强化中心城市综合服务功能，优化战略性服务设施布局，发挥网络化效应，支持各具特色的生态服务业集聚区建设，要鼓励构建跨区域信息交流与合作协调机制。

### 2.加快建设多层次生态服务经济中心

第一，建设具有全球影响力的生态服务经济中心。要增强北京、上海、广州和深圳国际服务枢纽与文化交流门户功能，促进高端服务业和高附加值服务环节集聚，提高其在全球创新链、价值链、产业链、供应链中的地位。鼓励各地区依托生态服务业发展基础较好的超大城市和部分特大城市，加快形成以生态服务业为主体的产业结构，打造一批具有较强辐射功能的国家级生态服务经济中心。加快提升生态服务业层次和水平，搭建服务全国的特色化、专业化生态服务平台。鼓励跨国公司和企业集团设立区域性、功能型总部，支持有条件的城市提升全球影响力。

第二，提升区域生态服务经济中心辐射带动能力。要依托大城市建设区域生态服务经济中心，增强生态服务业集聚效应和辐射能力，更好地服务区域发展。推动生产性生态服务业加快发展，提升对区域产业升级的支撑能力。

第三，增强健康养老、教育培训和文化创意等生态服务功能，提升城市宜居度和吸引力。要增强中小城市和小城镇生态服务功能，充分发挥中小城市和小城镇集聚产业、服务周边、带动农村的重要作用。促进中小城市与区域中心城市产业对接，利用中心城市服务资源改造提升传统产业，打造区域物流枢纽和制造业配套协作服务中心，主动承接中心城市旅游、休闲、健康和养老等服务需求。要支持具有独特资源、区位优势和民族特色的小城镇建设休闲旅游、商贸物流、科技教育和民俗文化等特色镇。

### 3.加强生态服务平台载体建设

第一，建设专业化生态服务经济平台。要结合科研基地布局优化，在科研资源密集地区，大力发展创新设计和研发服务，建设科创服务中心。依托重大信息基础设施建设，增强信息服务功能，建设信息服务中心。选择有条件的区域中心城市，发展多层次资本市场，规范发展区域性股权市场，建设金融服务中心。依托产业集聚规模大、专业人才集中的地区，加快发展咨询评估、财务管理和检验检测等服务，建设商务服务中心。

第二，发挥新老城区生态服务业发展优势。要结合城市更新和棚户区改造，加快老城区生态服务业升级。科学规划土地二次开发，加强文化传承与保护，完善配套政策，支持存量房产和土地发展生态服务业，实现老城区转型发展。要促进商务商业、金融保险、创意设计等服务发展，增强健康医疗、教育培训、商贸物流，以及文体休闲等服务功能。支持开发区生产性生态服务业与先进制造业的融合发展。

第三，统筹推进生态服务业试点示范。要以解决重点难点问题为导向，以推进体制机制和政策创新为重点，统筹推进各类生态服务业改革试点示范。要继续开展生态服务业综合改革试点，规范有序推进自由贸易试验区、服务业扩大开放综合试点等建设。要加快制度创新成果复制推广。

第四，鼓励打造交通枢纽型经济区。要依托大型机场、沿海港口、沿边口岸和高铁车站等交通枢纽设施，加强集疏运衔接配套，完善口岸等服务功能，促进高铁经济和临空、临港经济发展。要依托综合交通枢纽城市，建设物流服务中心和多式联运中心。

### （三）营造生态服务业良好的发展环境

#### 1.实现公平开放的市场准入

第一，实施市场准入负面清单制度。要以市场准入负面清单为核心，建立生态服务领域平等规范、公开透明的准入标准，并适时动态调整。放宽民间资本市场准入领域，扩大服务领域开放度，推进非基本公共服务市场化产业化、基本公共服务供给模式多元化。

第二，破除各类显性隐性准入障碍。要减少审批事项，优化审批流程，规范审批行为。清理规范各类前置审批和事中、事后管理事项，明确确需保留事项的审批主体、要件、程序和时限，并向社会公开。继续推进商事制度改革，整合公共服务机构设置和执业许可等审批环节，鼓励有条件的地方为申办公共服务机构提供一站式服务。

#### 2.健全现代高效的监管体系

第一，创新监管理念和方式。要树立依法依规、独立专业、程序透明、结果公开的现代监管理念，推动监管方式由按行业归属监管向功能性监管转变，由具体事项的细则式监管向事先设置安全阀及红线的触发式监管转变，由分散多头监管向综合协同监管转变，由行政主导监管向依法多元监管转变。按照生态服务类别制定统一的监管规则、标准和程序，并向社会公开，积极运用信息技术提高监管效率、覆盖面和风险防控能力。

第二，实行统一综合协同监管。要促进监管机构和职能整合，推进综合执法。建立健全跨部门、跨区域执法联动响应和协作机制，加强信息共享和联合执法，实现违法线索互查、处理结果互认，避免交叉执法、多头执法、重复检查。推进监管能力专业化，打造专业、务实、高效的监管执法队伍。建立健全社会化监督机制，充分发挥公众和媒体的监督作用，完善投诉举报管理制度。鼓励社会组织发挥自律、互律、他律作用，完善商事争议多元化解决机制。

第三，创新新业态新模式监管方式。要坚持包容创新、守住底线，适应生态服务业新业态、新模式特点，创新监管方式，提升监管能力。坚持审慎监管和包容式监管，避免过度监管，充分发挥平台型企业的自我约束和关联主体的管理作用，创新对"互联网+"、平台经济、分享经济等的监管模式。

#### 3.营造公平普惠的政策环境

第一，创新财税政策。要积极构建有利于生态服务业创新发展的财税政策环境，落实支持生态服务业及小微生态服务业企业发展的税收优惠政策，加大政府购买服务力度，研究制定政府购买服务指导性目录，有效发挥相关产业基金和生态服务业引导资金作用，推广政府与社会资本合作模式，引导社会资本投入生态服务业。

第二，完善土地政策。要优化土地供应调控机制，合理确定用地供给，保障生态服务业用地需求。探索对知识密集型生态服务业实行年租制、"先租赁后出让"等弹性供地制度。依法支持利用工业、仓储等用房用地兴办符合规划的生态服务业。创新适应新产业、新业态特点的建设用地用途归类方式。

第三，优化金融支持。要拓宽融资渠道，修订不适应生态服务企业特点的政策规定，支持通过发行股票、债券等直接融资方式筹集资金，探索允许营利性医疗、养老、教育等社会领域机构使用有偿取得的土地和设施等进行抵押融资，鼓励金融机构开发适应生态服务业特点的融资产品和服务，完善动产融资服务体系，鼓励有条件的地方建立小微企业信贷风险补偿机制，支持融资担保机构扩大小微企业担保业务规模。

第四，深化价格改革。要加快完善主要由市场决定价格的机制，合理区分基本与非基本需求，放开竞争性领域和环节的服务价格。创新公用事业和公益性服务价格管理方式，深化教育、医疗和养老等领域的价格改革，对营利性机构提供的服务实行经营者依法自主定价，全面清理规范涉企收费，推进实施涉企收费目录清单管理并常态化公示。

# 参 考 文 献

[1]冯晓航. 能源投资对绿色经济发展的影响[J]. 科技和产业，2023，23（1）：100-107.

[2]王凤. 发展绿色经济与绿色产业战略探析[J]. 全国商情·理论研究，2016（3）：56-58.

[3]朱东波. 绿色经济视域下中国工业结构转型[M]. 厦门：厦门大学出版社，2021.

[4]孙玉阳. 环境规制对绿色经济增长影响研究[M]. 北京：经济科学出版社，2021.

[5]何红旗. 绿色经济[M]. 北京：中国商业出版社，2020.

[6]石敏俊.中国经济绿色发展理念、路径与政策[M].北京：中国人民大学出版社，2021.

[7]焦云涛. 探索绿色经济发展之路[M]. 广州：广东旅游出版社，2020.

[8]弓媛媛. 中国环境规制与绿色经济增长[M].北京：经济管理出版社，2020.

[9]龙海雯. 中国能源价格改革与绿色经济发展研究[M]. 北京：中国财政经济出版社，2020.

[10]高红贵. 社会主义生态文明建设与绿色经济发展论[M]. 北京：经济科学出版社，2020.

[11]黄晶. 绿色创新经济[M]. 北京：社会科学文献出版社·皮书出版分社，2020.

[12]曹宝飞. 绿色建筑经济评价方法与体系研究[M]. 长春：吉林教育出版社，2020.

[13]包智明，石腾飞. 环境公正与绿色发展[M]. 北京：中央民族大学出版社，2020.

[14]刘建伟. 绿色发展与生态文明[M]. 西安：西安电子科技大学出版社，2020.

[15]孟根龙，杨永岗，贾卫列. 绿色经济导论[M]. 厦门：厦门大学出版社，2019.

[16]柯水发，李红勋. 林业绿色经济理论与实践[M]. 北京：人民日报出版社，2019.

[17]唐动亚，吴加恩，康贺. 当代中国绿色经济发展研究[M]. 长春：吉林人民出版社，2019.

[18]岳利萍，康蓉，李伟. 中国特色绿色发展的政治经济学[M]. 北京：中国经济出版社，2019.

[19]李志青. 绿色发展的经济学分析[M]. 上海：复旦大学出版社有限公司，2019.

[20]邓明君，向国成. 基于分享经济的绿色农产品市场发展研究[M]. 长春：吉林大

学出版社，2020.

[21]李妍. 绿色经济协同发展研究[M]. 延吉：延边大学出版社，2019.

[22]方时姣. 建设生态文明发展绿色经济[M]. 北京：经济科学出版社，2020.

[23]王辉耀. 新时代绿色经济与可持续发展研究[M]. 北京：社会科学文献出版社·皮书出版分社，2020.

[24]赵丽红，刘薇. 绿色农业经济发展[M]. 咸阳：西北农林科技大学出版社，2019.

[25]李果. 低碳经济下绿色供应链管理[M]. 北京：科学出版社，2019.

[26]赵慧卿. 中国绿色低碳循环发展：综合评价及经济体系构建[M]. 北京：中国经济出版社，2019.

[27]杨蕾. 经济转型视角下的绿色人力资源管理[M]. 北京：经济管理出版社，2019.

[28]郭承站. 大力发展绿色低碳产业 推动经济社会绿色转型[J]. 中国环保产业，2022（11）：5-6.